essentials

Viktoria Welledits · Christian Schmidkonz ·
Patricia Kraft

Digital Detox im Arbeitsleben

Methoden und Empfehlungen für einen gesunden Einsatz von Technologien

Viktoria Welledits
Munich Business School
München, Deutschland

Patricia Kraft
Munich Business School
München, Deutschland

Christian Schmidkonz
Munich Business School
München, Deutschland

ISSN 2197-6708
ISSN 2197-6716   (electronic)
essentials
ISBN 978-3-658-28070-3
ISBN 978-3-658-28071-0   (eBook)
https://doi.org/10.1007/978-3-658-28071-0

Die Deutsche Nationalbibliothek verzeichnet diese Publikation in der Deutschen Nationalbibliografie; detaillierte bibliografische Daten sind im Internet über http://dnb.d-nb.de abrufbar.

Springer ist ein Imprint der eingetragenen Gesellschaft Springer Fachmedien Wiesbaden GmbH und ist ein Teil von Springer Nature.
Die Anschrift der Gesellschaft ist: Abraham-Lincoln-Str. 46, 65189 Wiesbaden, Germany

Was Sie in diesem *essential* finden können

- Eine Erklärung für die Ursachen digitaler Abhängigkeit aus neurobiologischer sowie aus lernpsychologischer Sicht
- Eine Einführung in die Forschungsliteratur zu Auswirkungen einer übermäßigen Nutzung digitaler Endgeräte auf Stress, Schlaf und Produktivität
- Hintergründe zum Ursprung und zu möglichen Effekten des Digital Detox
- Ausgewählte Beispiele, wie in Unternehmen und an Arbeitsplätzen Digital Detox zumindest in Ansätzen umgesetzt wird
- Forschungsbasierte Tipps für einen gesünderen Umgang mit Smartphones, Laptops und Tablets

Vorwort

Für die meisten Menschen sind das Smartphone und das Tablet Segen und Fluch zugleich: Einerseits ermöglichen sie jederzeit den Zugriff auf Nachrichten, Emails, Social Networks, Videos aller Art, Fahrpläne, Restaurantbewertungen, Landkarten und vieles mehr, andererseits besteht auch die Gefahr, dass sie viel zu viel Zeit stehlen und beim Nutzer letztendlich Stress auslösen. Und trotzdem: Immer wieder entsteht ein unbewusster Drang danach, „mal kurz" aufs Smartphone zu blicken um „XYZ" (setzen Sie eine beliebige Website ein) zu „checken".

Tatsächlich trägt insbesondere das Smartphone zu einem modernen Suchtverhalten bei. Vielen fällt es schwer, sich den Impulsen zu entziehen, selbst wenn sie sich eines problematischen Nutzerverhaltens bewusst sind. Doch auch wenn die meisten Menschen, die über ein Smartphone verfügen, von sich behaupten würden, dass sie ohne das Gerät nicht mehr leben könnten, sehnen sich viele dennoch nach Abstand von der digitalen Welt. „Digital Detox" ist in diesem Zusammenhang das Stichwort, das immer weiter an Popularität gewinnt. Bewusst für einige Stunden oder sogar Tage auf alle digitalen Geräte zu verzichten, kann zwar eine große Herausforderung, aber auch eine große Erleichterung sein.

In diesem *Springer essential* führen wir in einem ersten Teil in die Grundlagen der digitalen Abhängigkeit ein. Wir zeigen anhand zahlreicher Studien, wie klassische Suchtmuster auch auf die digitale Welt übertragen werden können und wie sie darin wirken. Hierbei gehen wir auch auf neurobiologische Zusammenhänge ein. Außerdem beschreiben wir, wie sich digitale Abhängigkeit beispielsweise auf Stress, Produktivität und Schlaf auswirken kann. Auch hier greifen wir auf eine Vielzahl von Studien zu den entsprechenden Themen zurück. Im zweiten Teil des *Springer essentials* beantworten wir Fragen zu Digital Detox und einem gesünderen Umgang mit Technologien: Was genau ist Digital Detox und wie kann er umgesetzt werden? Welche Möglichkeiten gibt es, wenigstens einen kleinen Digital Detox am Arbeitsplatz umzusetzen? Welche Effekte hat ein Digital Detox und welche Kniffe und Tricks gibt es, um sich von der digitalen Abhängigkeit zu lösen?

Das *Springer essential* richtet sich an alle interessierten Leser, die sich Gedanken über eine „Übernutzung" digitaler Geräte machen. Sowohl Führungskräfte als auch jeder Mitarbeiter in einem Unternehmen wie auch Privatpersonen können aus dem *Springer essential* wichtige Informationen über die Ursachen digitaler Abhängigkeit und ihrer Überwindung ziehen. Es war uns beim Verfassen wichtig, möglichst viele Studienergebnisse einzubeziehen, um die Forschungswelt in diesem Themenkomplex etwas transparenter zu machen.

Unser Dank gilt insbesondere Frau Christine Sheppard und Frau Susanne Göbel vom *Springer Verlag,* die uns während des Erstellungsprozesses des *Springer essentials* jederzeit unkompliziert und schnell mit Rat und Tat zur Seite standen. Vielen Dank natürlich auch an alle Leserinnen und Leser, die beschlossen haben, dieses Büchlein zu lesen und ihr Smartphone wieder eher zu einem Segen als einem Fluch werden zu lassen.

Viktoria Welledits
Christian Schmidkonz
Patricia Kraft

Inhaltsverzeichnis

Einleitung 1

Die Digitalisierung hat in vieler Hinsicht den Alltag der Menschen rund um die Welt verändert. Sie beeinflusst unsere Arbeitsabläufe, unsere Kommunikation und unsere Fortbewegung. Bereits mehr als die Hälfte aller Haushalte weltweit ist mit dem Internet verbunden (Internetworldstats 2018) und seine Nutzung ist zu einem Grundbedürfnis geworden. Das Smartphone hat in den letzten zehn Jahren die Informations- und Kommunikationstechnologien (IKT) revolutioniert. Der weltweite Smartphone-Verbreitungsgrad beläuft sich heute auf mittlerweile mehr als 60 % (Statista 2018a), wobei in Südkorea bereits 94 % aller Menschen über ein Smartphone verfügen (Statista 2018b). Das Mobiltelefon ist heute nicht nur ein zentrales Kommunikationsmittel sowohl im Privat- als auch im Berufsleben, sondern auch das zentrale Gerät zum Abruf von unendlichem Unterhaltungsmaterial.

Der Arbeitsplatz ist eine der wichtigsten Umgebungen, die unsere physische und psychische Gesundheit beeinflussen. Dieses Umfeld hat aufgrund der bisherigen Entwicklung der IKT unsere Arbeitsmuster enorm verändert. Laptops, Tablets und Smartphones ermöglichen eine ständige Erreichbarkeit, die zunehmend die Grenzen zwischen Beruf und Alltag verschwinden lässt und den Ausbau von flexiblen Arbeitszeitmodellen ermöglicht. Gleichzeitig nehmen jedoch die Fälle an digital ausgelöstem Stress am Arbeitsplatz zu (Techniker Krankenkasse 2016). Zwar können Unternehmen Bewältigungsmechanismen gegen diesen Stress einsetzen, jedoch ist das Problem längst nicht nur arbeitsplatzrelevant. Mittlerweile verbringen viele auch einen erheblichen Teil des privaten Alltags vor dem Smartphone-, Laptop- oder Tablet-Bildschirm. Dass diese digitale Überlastung nicht nur unsere Produktivität im beruflichen Alltag einschränkt, sondern auch ernstzunehmende gesundheitliche Folgen haben kann,

© Springer Fachmedien Wiesbaden GmbH, ein Teil von Springer Nature 2020 1
V. Welledits et al., *Digital Detox im Arbeitsleben*, essentials,
https://doi.org/10.1007/978-3-658-28071-0_1

ist Forschungsgegenstand zahlreicher Studien (z. B. Strobel 2013; Ali-Hassan et al. 2015). Entsprechend hat das Konzept Digital Detox (deutsch: „digitale Entgiftung"), also der komplette Verzicht auf elektronische Geräte für einen gewissen Zeitraum, zunehmend an Bedeutung gewonnen.

Digitale Abhängigkeit

2.1 Grundlagen der digitalen Abhängigkeit

Der Begriff Abhängigkeit kann mit Suchtverhalten gleichgesetzt werden. Die Begriffe digitale Abhängigkeit, Medienabhängigkeit, Internetabhängigkeit und Smartphone-Abhängigkeit sind keine offiziellen Diagnosen, sondern von Wissenschaftlern und Ärzten vorgeschlagene Krankheitskonzepte (Te Wildt 2009). Digitale Abhängigkeit und Smartphone-Abhängigkeit sind Begriffe, die für eine exzessive, häufig impulsive Nutzung des Smartphones stehen.

2.1.1 Begriffserklärung Verhaltenssucht

Sucht im Allgemeinen wird gekennzeichnet „durch ein unabweisbares Verlangen nach einem bestimmten Gefühls-, Erlebnis- und Bewusstseinszustand" und kann in der Regel in drei Ebenen dargestellt werden (Gross 2016):

1. *Körperliche Abhängigkeit:* Bei Nichtzufuhr des Suchtmittels (Droge oder Verhaltensweise) oder bei Einnahme einer zu geringen Dosis entstehen körperliche Entzugserscheinungen.
2. *Psychische Abhängigkeit:* Meist stellt die psychische Abhängigkeit ein größeres Problem als die körperliche Abhängigkeit dar. Nach Überwindung der körperlichen Entzugserscheinung kann der Wunsch nach dem durch das Suchtmittel entstandenen Bewusstseinszustand weiterbestehen.
3. *Zunehmende Beeinträchtigung der alltäglichen sozialen Lebensführung:* Der Lebensmittelpunkt als auch der Alltag drehen sich rund um das Rauschmittel oder die suchtbedingte Verhaltensweise.

© Springer Fachmedien Wiesbaden GmbH, ein Teil von Springer Nature 2020 3
V. Welledits et al., *Digital Detox im Arbeitsleben,* essentials,
https://doi.org/10.1007/978-3-658-28071-0_2

Im Allgemeinen unterscheidet die Suchtforschung zwischen stoffgebundener und stoffungebundener, beziehungsweise zwischen substanzgebundener und substanzungebundener Sucht (Böning und Grüsser-Sinopoli 2009). Die beschriebenen Ebenen der Sucht lassen sich also nicht pauschal auf das Problem der exzessiven Smartphone Nutzung übertragen, da der Eintritt von durch Substanzen hervorgerufenen körperlichen Entzugserscheinungen in Fällen digitaler Abhängigkeit auszuschließen ist. Dennoch können Stimmungen, wie Dysphorie und Angst, sowie Irritation bei einem „Smartphone-Entzug" entstehen (Lin et al. 2016). Genauso ist eine Beeinträchtigung des Alltags, wie sie sich oft durch den reinen Online-Kontakt bemerkbar macht, durchaus auf die digitale Abhängigkeit übertragbar. Dieser Art der Abhängigkeit liegt die Sucht nach Erleben und Verhalten zugrunde.

Spricht man also von einer digitalen Abhängigkeit, so handelt es sich um eine stoffungebundene Suchtform, die rauschähnliche Zustände auch ohne Zufuhr chemischer Substanzen hervorrufen kann (Gross 2016). Smartphone-Abhängigkeit ist in der Gesellschaft zunehmend beobachtbar, ist jedoch weder im Klassifikationssystem ICD-10 (International Statistical Classification of Diseases and Related Health Problems), noch im „Diagnostischen und Statistischen Leitfaden psychischer Störungen" eingetragen (Kardefeldt-Winther et al. 2017). In der 2018 präsentierten Neuauflage ICD-11, die 2020 in Kraft treten soll, werden pathologisches Spielen (umgangssprachlich „Spielsucht") und Computerspielsucht unter „Disorders due to addictive behaviours" (deutsch: „Störung aufgrund von Suchtverhalten") als Krankheitsbild aufgenommen (WHO 2018).

Fazit

Klassische Merkmale einer Verhaltenssucht können auf die Analyse einer übermäßigen Nutzung von Smartphones und anderen digitalen Geräten übertragen werden.

2.1.2 Neurobiologische Entstehung von Verhaltenssucht

Neurobiologische Erkenntnisse aus der konventionellen Suchtforschung der 70er-Jahre zeigen, dass der Mensch durch Nervenzellen körpereigene Substanzen herstellen kann, die dem herkömmlichen Morphium in seiner chemischen Zusammensetzung sehr nahekommen. Diese Substanzen sind heute als Endorphine bekannt und werden unter großer körperlicher Anstrengung hergestellt. Sie sind verantwortlich dafür, dass Menschen rauschähnliche Zustände ohne die äußere Zuführung derartiger Mittel verspüren können. Auch die Neurotransmitter

Dopamin, das motivierend wirkt und nach Glücksgefühlen streben lässt, als auch Serotonin und Oxytocin sind wichtige Komponenten der Suchtforschung. So berichten Spielsüchtige bei Besuchen von Kasinos beispielsweise von einer euphorisierenden und Stress regulierenden Wirkung, was vom Gehirn als belohnend empfunden wird. Bei der Ausschüttung dieser Botenstoffe kommt es zu einer Aktivierung des Belohnungssystems, das für die Entstehung von Rausch und Sucht verantwortlich ist. Dabei ist es zweitrangig, ob die Ausschüttung des Dopamins durch zugeführte chemische Substanzen oder durch Verhaltensweisen ausgelöst wird. Das Belohnungssystem, welches auch als Suchtgedächtnis bekannt ist, wird im zweiten Fall durch die ständige Wiederholung einer Verhaltensweise immer weiter gestärkt. In der Folge kann schon die reine Erwartung eines bestimmten Verhaltens einen Dopaminrausch auslösen (Gross 2016).

2.1.3   Lernpsychologische Ansätze

Dopamin fungiert als Botenstoff, der bestimmte Empfindungs- und Verhaltensmuster durch Erwartungshaltung und Gewöhnung verfestigt. Demnach deutet sich an, dass der Lernprozess und die neurobiologischen Erklärungsansätze in der Entstehung einer Verhaltenssucht nicht zu trennen sind (Te Wildt 2009). Denn durch das ausgeschüttete Dopamin findet im Gehirn unterbewusst ein neurobiologischer Lernprozess statt, der in der Psychologie als Konditionierung bekannt ist. Zwei Konditionierungsmodelle spielen in der Entstehung von süchtigem Verhalten eine wesentliche Rolle: die operante und die klassische Konditionierung.

Die operante Konditionierung ist ein Prozess, in welchem das Verhalten durch positive oder negative Konsequenzen verändert wird. Voraussetzung dieser Konditionierung ist, dass der Lernende aktiv (absichtlich oder unabsichtlich) in seine Umwelt eingreift, um in der Folge Konsequenzen zu verspüren (Tewes und Wildgrube 1992). So wirkt sich ein durch ein bestimmtes Verhalten ausgelöster und als positiv empfundener Glücksrausch verstärkend in der Form von positivem Verstärkungslernen auf die Wiederholung des Suchtverhaltens aus. Wenn die als unangenehm empfundenen Entzugserscheinungen und Anspannungsgefühle durch eine Wiederholung des Verhaltens vermieden werden, so wirkt sich dies ebenso verstärkend auf das Verhalten aus, jedoch in der Form von negativem Vermeidungslernen. Für das menschliche Gehirn ist es irrelevant, ob es bei dem Konditionierungsprozess zu einem letztendlich krankhaften Verhalten kommt. Lediglich das durch das Dopamin wiederhergestellte neurobiochemische Gleichgewicht wird registriert (Böning und Grüsser-Sinopoli 2009).

Um den operanten Konditionierungsprozess genauer untersuchen zu können, entwickelte der Psychologe Burrhus Skinner die sogenannte *Skinner-Box*. Es handelt sich dabei um einen Trainingskäfig für Ratten und Tauben, in dem ein Hebel angebracht ist, der nach einer Betätigung Futter in die Futterschale ablässt. Skinner konnte beobachten, wie die Ratten meist zunächst unabsichtlich an den Hebel gerieten und so den Futtermechanismus aktivierten. Durch eine Wiederholung dieses Verhaltens erlernte das Tier, dass die operative Betätigung des Hebels zu einer positiven Konsequenz führte (Skinner 1938). Im Laufe seines Experimentes konnte Skinner dadurch die Versuchstiere zu einer Futterausgabe nach einer festen Vorgabe und sogar auch zu unüblichen Bewegungen konditionieren. In weiterer Folge seines Experimentes testete er die Auswirkungen des Ausbleibens der Futterausgabe. Wurde das Tier darauf konditioniert, ein Futterkorn nach Betätigen des Hebels zu erhalten, so wiederholte es das operative Verhalten trotz des Ausbleibens der Konsequenz. Erst im Laufe der Zeit verringerte es die Betätigung des Hebels. Wurde die Futterausgabe allerdings wieder reaktiviert, erhöhte sich das operative Verhalten des Tieres wieder.

Heute tragen knapp 2,5 Mrd. Menschen eine Skinner-Box im Hosentaschenformat mit sich (Statista 2018c). Denn der gleiche Mechanismus gilt für Smartphones: Auch sie belohnen den Nutzer auf eine periodische, aber nicht vorhersehbare Weise. Bekannt ist dies auch als Prinzip der *Random Rewards* (Markowetz et al. 2015). In Hinblick auf das Smartphone bedeutet das, dass die reine Erwartung, eine neue Textnachricht empfangen zu haben oder einen neuen Nachrichtenbericht lesen zu können, den Nutzer in einen biochemischen Glücksrausch versetzen kann. Die Nutzung sozialer Medien auf dem Smartphone liefert hierfür ein besonders geeignetes Beispiel. Es kann davon ausgegangen werden, dass ein Nutzer, der ein Posting auf einer sozialen Plattform veröffentlicht, an der Resonanz in der Form von Likes und Kommentaren interessiert ist. Basierend auf den diskutierten neurobiologischen Grundlagen im menschlichen Belohnungssystem führt entsprechend bereits das Einloggen in ein soziales Netzwerk oder das Öffnen einer App zu einer Dopamin Ausschüttung (Muench 2014).

Die klassische Konditionierung hingegen spielt besonders im Zusammenhang mit einem Rückfall in eine süchtige Verhaltensweise eine Rolle (Charlet und Heinz 2012; Thalemann 2009). Auch bekannt durch Pawlows Hund, umfasst sie die Verbindung zweier gleichzeitig oder nacheinander auftretender Reize. Beim Hund kommt es beim Anblick seines Futters zu einer unkonditionierten Reaktion, nämlich Speichelfluss. Klingelt zur selben Zeit eine Glocke, also ein neutraler Stimulus, kann es bei mehrfacher gleichzeitiger Wiederholung der unkonditionierten Reaktion und des neutralen Stimulus dazu kommen, dass der Hund bereits lediglich durch das Hören der Glocke einen erhöhten Speichelfluss bekommt. Diese Art der Konditionierung konnte sowohl bei substanzabhängigen als auch bei verhaltensabhängigen Personen beobachtet werden. So zeigte sich, dass Alkoholabhängige lediglich durch das Sehen von warmem Kneipenlicht oder durch das Hören von klirrenden Gläsern rückfällig werden können (Charlet und Heinz 2012). Ebenso führt die Nutzung des Smartphones zu einer klassischen Konditionierung. Mit der Reaktion auf den Smartphone-Klingelton wird unser Gehirn darauf konditioniert, dass die Bedürfnisse des Nutzers in den folgenden Momenten erfüllt werden. Deshalb greifen Nutzer bei Ertönen des Klingeltons automatisch zum Smartphone, auch wenn es womöglich gar nicht ihr Gerät ist, welches läutet. Gleiches trifft auch auf visuelle Stimulation zu. Wird das Handy wiederholt zum Zeitvertreib an der Bushaltestelle aus der Tasche geholt, so reicht irgendwann nur die Sicht der Bushaltestelle und das Smartphone wird aus der Tasche genommen (Pfigl 2018).

In der Forschung zum pathologischen Glückspiel konnte beobachtet werden, dass Personen, die keine geeigneten Alternativen für ihr problematisches Verhalten finden, mit dem gewohnten Glücksspiel weitermachen. Zwar ist unklar, inwieweit diese Prozesse auf die Smartphone-Nutzung übertragen werden können, aber Spielsüchtige leiden aufgrund der fehlenden Alternativen zu ihrem Verhalten an dysphorischer Stimmung, die sich auch in Form von Schuldgefühlen zeigen kann. Das Weiterspielen an den Automaten funktioniert demnach als Selbstmedikation. Die Spielintensität muss aber mit der Zeit aufgrund der erlernten Toleranz erhöht werden, um die gewohnte hedonistische Wirkung zu erzielen. Es entsteht quasi ein Teufelskreis, der durch Reize automatisch ausgelöst wird (Meyer und Bachmann 2017). Der Prozess beim Smartphone-Gebrauch ist aufgrund der Automatisierung und dem aktiven Unterbewusstsein ähnlich schwierig zu brechen. Das Smartphone müsste an einem anderen Ort platziert sein, um die unbewusste Bewegung zum Smartphone unterbrechen zu können. Wird die gewohnte, wiederholte Bewegung mehrmals bewusst unterbrochen, wird das Gehirn jedoch ebenso auf das Ausbleiben der Belohnung konditioniert (Duke und Montag 2017; Khang et al. 2013).

Fazit

Unter der Annahme, dass exzessive Smartphone-Nutzung ähnlichen neurobiologischen Prozessen unterliegt wie pathologische Spielsucht lässt sich die Entstehung der Smartphone-Abhängigkeit folgendermaßen zusammenfassen:

- Smartphones wirken euphorisierend und Stress regulierend. Eine als positiv wahrgenommene und belohnende Reaktion wird ausgelöst.
- Es besteht somit eine höhere Wahrscheinlichkeit, die als positiv empfundene Nutzung des Smartphones zu wiederholen. Die Ausschüttung von Dopamin verstärkt diesen Prozess.

- Zuvor unabhängige Reize, aber auch emotional-motivationale Zustände, werden mit dem Smartphone in Verbindung gebracht.
- Nach mehrfachem Auftreten und der Verbindung der Reize mit dem Smartphone können diese Reize eine erlernte (konditionierte) Reaktion auslösen.
- Die Wirkung wird durch Wiederholung weiter verstärkt.
- Je häufiger das Verhalten durchgeführt wird, desto automatischer läuft dieses ab.

2.1.4 Smartphone-Abhängigkeit

In Deutschland besitzen bereits acht von zehn Menschen ein Smartphone (Haas 2018). Bedingt durch die digitale Evolution, die das Smartphone zu einem unverzichtbaren Gegenstand im Alltag gemacht hat, befasst sich die Forschung mit der möglichen „Übernutzung" dieser Geräte und untersucht, inwiefern sie schädlich für die Gesundheit sein kann. Die Schwierigkeit liegt unter anderem in der gesellschaftlichen Akzeptanz dieses neuzeitlichen Problems, denn viele Menschen sind sich ihrer Smartphone-Nutzung nicht bewusst. Dies liegt unter anderem an den fehlenden Möglichkeiten beziehungsweise Fähigkeiten zur Selbsteinschätzung (Montag et al. 2015). In einer Fokusgruppendiskussion mit jungen Studentinnen und Studenten beispielsweise bewertete keiner der Anwesenden sein Smartphone-Verhalten als problematisch oder süchtig. Erst gegen Ende der Diskussion und nach dem Austausch über mögliche gesundheitliche Folgen der Smartphone-Nutzung realisierten einige Teilnehmerinnen und Teilnehmer, dass sie eventuell doch ein problematisches Smartphone-Verhalten haben (Lundquist et al. 2014).

Beispiel: Applikation *Menthal*

Der Informatiker Alexander Markowetz und der Psychologe Christian Montag entwickelten die Applikation *Menthal,* die auf Smartphones das Nutzerverhalten im Hintergrund aufzeichnen und speichern kann. Sie wollten herausfinden, wie lange und wie oft Menschen ihr Smartphone tatsächlich nutzen. Die Daten von über 60.000 Handynutzern, die die App auf ihrem Smartphone installierten, zeigten, dass der Bildschirm im Durchschnitt 88 Mal am Tag eingeschalten wurde. In im Schnitt 53 Fällen dieser 88 Unterbrechungen wurde das Telefon tatsächlich entsperrt, um Apps zu nutzen. Werden diese 53 Smartphone-Interaktionen auf den Tag aufgeteilt, kommt es, mit Berücksichtigung von durchschnittlich acht Stunden Schlaf, alle 18 min zu einer Unterbrechung. Eine vergleichbare Studie der TU Wien kam sogar auf einen Wert von 84 Smartphone-Interaktionen pro Tag (Aigner 2018).

Eine wichtige Frage ist dabei, inwieweit Interaktionen mit dem Smartphone rational nachvollziehbar sind. Abgesehen von den neurobiologischen Prozessen, beeinflussen auch Faktoren wie Alter, Geschlecht, Zweck der Nutzung, emotionale Zustände und Umweltfaktoren die Entstehung und das Ausmaß einer Smartphone-Sucht.

So wiesen Daten, die von überwiegend deutschen Teenagern zwischen 12 und 18 Jahren erhoben wurden, auf eine durchschnittliche Smartphone Nutzungszeit von etwa 194 min pro Tag hin. Die Angst, etwas zu verpassen, ist ein ausschlaggebender Faktor zur Nutzung des Smartphones in diesem Alter und fördert die Entwicklung einer Sucht (Chotpitayasunondh und Douglas 2016). Unter Jugendlichen hat dies bereits einen solchen Stellenwert eingenommen, dass dies unter der Abkürzung *FOMO* („Fear of missing out") bekannt ist. Mit ansteigendem Alter verringert sich die durchschnittliche Nutzungszeit; demnach verbringen Personen über 51 Jahre nur noch ungefähr 118 min am Tag mit dem Handy (Andone et al. 2016). Dass aber gerade mit Zunahme des Alters die Smartphone Nutzung sinkt, liegt nicht nur an einer niedrigeren Technologieaffinität älterer Generationen, sondern auch daran, dass mit ansteigendem Alter der soziale Druck abnimmt und mehr Selbstkontrolle ausgeübt wird (van Deursen et al. 2015; Khang et al. 2013).

Hintergrundinformation: Asiens Smartphone- und Internet-Problem
Nomopobie, die Angst davor, sein Smartphone zu verlieren, ist in asiatischen Ländern eine ernstzunehmende Krankheit. Eine Studie befand knapp 36 % der koreanischen Studenten als Smartphone-süchtig (Lee und Lee 2017). In Korea besitzen bereits 72 % der elf- bis zwölfjährigen Kinder ein Smartphone (Howard 2017). Zum Vergleich: Rund 50 % der deutschen Kinder erhalten ihr erstes Smartphone im Alter zwischen sechs und 13 Jahren. Die ansteigenden Zahlen alarmierten auch die koreanische Regierung. Bereits 2010 verhängte diese eine Mitternachtssperre für Computerspieler unter 16 Jahren, nachdem ein Baby aufgrund der computerspielenden Eltern verhungern musste. Ob dies auch auf die Smartphone-Nutzung ausgeweitet werden sollte, wird bereits seit einiger Zeit diskutiert (Cain 2014).

China ist das erste Land weltweit, das Internetsucht als klinische Krankheit definierte und Camps für besonders abhängige Jugendliche eröffnete. Teenager werden hier aufgrund ihrer übermäßigen Nutzung von Smartphones oder aufgrund exzessiven Computerspielens meist gegen ihren Willen und auf Initiative ihrer Eltern untergebracht (Phillips 2017).

Es gibt keinen bemerkenswerten geschlechtlichen Unterschied, was den Besitz eines Smartphones betrifft. Frauen verbringen durchschnittlich 167 min am Tag mit dem Smartphone, während Männer auf rund 154 min kommen (Andone et al. 2016). Des Weiteren tendieren Frauen dazu, ihr Handy vermehrt für soziale Zwecke zu verwenden, da sie einen vergleichsweisen höheren sozialen Stress verspüren. In einigen Studien werden Frauen daher als anfälliger für eine Smartphone-Sucht bezeichnet (van Deursen et al. 2015; Lee und Lee 2017). Zudem berichten doppelt so viele Frauen wie Männer von durch das Smartphone ausgelösten Stress (29 % zu 16 %) (Thomée et al. 2011). Männer tendieren dazu, mehr Zeit mit Smartphone-Spielapplikationen zu verbringen (Andone et al. 2016). In einer anderen Studie konnte allerdings kein bemerkenswerter Unterschied zwischen den Geschlechtern beobachtet werden (Lopez-Fernandez 2017).

Geschlechts- und altersunabhängig ist hingegen der generelle Zweck der Nutzung. Die Kommunikation steht an oberster Stelle, wobei sich diese auf Instant Messaging, Telefonieren und Networking bezieht. Darunter fallen auch soziale Medien, die problemlos vom Smartphone aufgerufen werden können und auch ein entscheidender Treiber einer Smartphone-Sucht sein können (Elhai et al. 2016; Salehan und Negahban 2013). Dem gegenüber steht der prozessuale Gebrauch, der den Konsum von Entertainment und somit sozial irrelevanten Aktivitäten umfasst. Beide Nutzungsweisen, sei es in der Form von sozialen Medien oder durch die Nutzung von Spielapplikationen, können die Entstehung einer Sucht fördern (van Deursen et al. 2015).

Auch emotionale Instabilität wurde mit Smartphone-Sucht in Verbindung gebracht. So sind Personen, die häufig launisch und temperamentvoll sind, öfter von einer Abhängigkeit betroffen. Erklärt wird dies durch die Nutzung des Smartphones zum Zweck der vermeintlichen Selbstheilung, um die Laune zu verbessern. Des Weiteren sollen auch extrovertierte Menschen größere Probleme mit einer angemessenen Nutzung haben als introvertierte Menschen (Roberts et al. 2015).

Persönlichkeitsmerkmale wie Laune, Selbstkontrolle, Verlust von Kontrolle und Selbstbestimmung haben ebenfalls einen Einfluss auf die Entwicklung einer Smartphone-Sucht. Diese werden allerdings nicht nur vom sozialen Umfeld geprägt, sondern sind auch genetisch veranlagt (Hahn et al. 2017).

Auch Umweltfaktoren, wie die Verfügbarkeit von Smartphones und das Nutzungsverhalten der Mitmenschen, beeinflussen die Entwicklung einer Smartphone Abhängigkeit. Diese Faktoren können das Empfinden von dysphorischen Gedanken intensivieren, was wiederum den Konditionierungsprozess bestärkt (Duke und Montag 2017).

Wann eine Gewohnheit der Smartphone-Nutzung zu einer Sucht wird, ist nicht unbedingt einfach zu erkennen. Zum einen ist es schwierig, ein angemessenes Smartphone-Verhalten klar festzulegen, zum anderen sollte im Rahmen einer ausgeprägten Gewohnheit in Bezug auf die Smartphone-Nutzung differenziert werden. Besonders der soziale Gebrauch des Smartphones wird mit einer höheren Wahrscheinlichkeit mit der Ausprägung einer Gewohnheit in Verbindung gebracht. Ist diese Gewohnheit allerdings sehr ausgeprägt und wird sie weiterhin mit starken Impulsen und erhöhter Häufigkeit gefördert, so kann daraus ein süchtiges Verhalten entstehen (van Deursen et al. 2015). Aber auch kurze, geringfügige Smartphone-Interaktionen fördern die Entwicklung einer Gewohnheit und können die allgemeine Smartphone-Nutzung erhöhen, was wiederum zu problematischem Smartphone-Verhalten führen kann (Oulasvirta et al. 2012; Cocorada et al. 2018). Insgesamt muss konstatiert werden, dass, je mehr Zeit mit dem Smartphone verbracht wird, die Wahrscheinlichkeit, an einer Smartphone-Sucht zu leiden, unabhängig von der Art der Nutzung, umso größer ist (Khang et al. 2013).

> **Tipp: Smartphone-Verhalten überprüfen**
> Um das eigene Smartphone-Verhalten besser einschätzen zu können, kann die Beantwortung folgender Fragen, übernommen von Markowetz et al. (2015), helfen:
>
> - Denken Sie oft an Ihr Smartphone oder bestimmte Apps, auch wenn Sie beide gerade nicht nutzen?
> - Dehnen Sie Ihre Smartphone-Nutzungszeiten immer weiter aus?
> - Haben Sie schon vergeblich versucht, Ihre Zeit mit dem Smartphone einzuschränken?
> - Werden Sie unruhig, traurig oder wütend, wenn Sie Ihr Smartphone nicht nutzen können?
> - Sind Sie häufig länger mit dem Smartphone beschäftigt, als Sie eigentlich beabsichtigen?
> - Haben Sie wegen Ihrer Smartphone-Nutzung schon einmal schwerwiegende Probleme in der Partnerschaft, in der Ausbildung oder in der Arbeit bekommen?
> - Haben Sie schon mal gelogen, damit andere nicht mitbekommen, wie viel Zeit Sie mit dem Smartphone verbringen?
> - Nutzen Sie Ihr Smartphone auch, um sich von Problemen in Ihrem Lebensumfeld abzulenken und Ihre Stimmung aufzuhellen?
>
> Die Fragen dienen lediglich als Orientierung. Je öfter mit „ja" geantwortet wird, desto höher ist die Wahrscheinlichkeit über einen, für seine individuellen Verhältnisse, unangemessenen Smartphone-Gebrauch zu verfügen.

2.2   Auswirkungen der digitalen Abhängigkeit

Studien über die Auswirkungen des Technologie-Konsums weisen sehr unterschiedliche Ergebnisse auf. Samaha und Hawi (2016) zeigten, dass Smartphones durch den durch sie ausgelösten Stress einen indirekten Einfluss auf die Lebenszufriedenheit haben. Ebenfalls haben Personen, die Smartphone und Laptop für berufliche Zwecke außerhalb ihrer Arbeitszeiten verwenden, oftmals Probleme mit der Vereinbarkeit von Privat- und Berufsleben und leiden häufiger an Erschöpfung und Unwohlsein (Derks und Bakker 2014; Gadeyne et al. 2018; Ohly und Latour 2014). Allerdings zeigte sich ebenso in einer anderen Studie, dass gerade die Nutzung von Smartphones Familienkonflikten entgegenwirken kann. Grundsätzlich erhöhen die Funktionen des Smartphones die Flexibilität, sowohl der Arbeit als auch dem Familienleben nachgehen zu können (Derks et al. 2016). Exzessive Smartphone Nutzung kann jedoch zu einem erhöhten Auftreten von Angstzuständen führen (Cheever et al. 2014; Cocorada et al. 2018). Ebenso wird ein geistiger Erschöpfungszustand, der ähnlich dem Burnout ist, mittlerweile in Verbindung mit übermäßiger Smartphone-Nutzung gebracht (Markowetz et al. 2015).

2.2.1   Arbeitsproduktivität

In der Regel wird erwartet, dass die Digitalisierung Arbeitsabläufe vereinfacht und die Arbeitsleistung erhöht. Mit Hilfe von Computern und Smartphones können Aufgaben, die früher mehrere Stunden in Anspruch genommen haben, heutzutage in wenigen Sekunden gelöst werden. Allerdings tritt in diesem Zusammenhang das sogenannte Produktivitätsparadoxon auf. Bereits in den 90er-Jahren des letzten Jahrhunderts konstatierte Brynjolfsson (1993), dass trotz großer Investitionen in IKT, die erwartete Steigerung der Produktivität, vor allem im Dienstleistungssektor, ausblieb. Während damals mögliche Fehlmessungen und falsches Management als Ursache aufgeführt wurden, beschäftigen sich Wissenschaftler heute mit dem Ausmaß der Ablenkungen, die durch diese Technologien hervorgerufen werden.

Auswirkungen von Produktivitätsunterbrechungen wurden bereits 2005 nach der Einführung der Instant Messaging Funktion für Computer untersucht. Unter der Annahme, dass ein derartiges Kommunikationsinstrument ein erheblicher Störfaktor am Arbeitsplatz sei, entwickelten Forscher ein Modell, um dies besser einschätzen zu können (Rennecker und Godwin 2005). Später zeigte sich, dass Instant Messaging entgegen der Annahmen zu einer geringeren Anzahl an

Unterbrechungen am Arbeitsplatz führte, denn die Funktion erlaubte es den Mitarbeitern, das Instrument zweckmäßig für die Lösung ihrer Aufgaben zu verwenden und minimierte in Folge Wartezeiten, die durch persönliche oder E-Mail Interaktionen entstanden (Garrett und Danzinger 2008).

Mit der Verbreitung von sozialen Medien, die heute über Smartphones abrufbar sind, wurde die Frage nach möglichen Produktivitätseinbrüchen am Arbeitsplatz erneut aufgegriffen. Bezogen auf eine Produktivitätssteigerung auf Unternehmensniveau berichtet Wilson (2009), dass Unternehmen, die soziale Medien nutzen, den Vorteil haben, schneller und leichter auf neue Unternehmenschancen und Entwicklungen aus der Branche aufmerksam zu werden. Genauso dienen soziale Netzwerke als Marketingkanal, um neue Kunden, als auch neue Mitarbeiter zu gewinnen. Vonseiten der Mitarbeiter konnte beobachtet werden, dass die Nutzung von sozialen Netzwerken in Bezug auf die Arbeit, die verrichtet wird, die Arbeitsperformance positiv beeinflusst. Begründet wird dies durch die Möglichkeit, den Markt in Echtzeit verfolgen und mit Kunden virtuell in Verbindung treten zu können (Leftheriotis und Giannakos 2014).

Das Produktivitätsparadoxon kann darauf zurückgeführt werden, dass die Verfügbarkeit von Technologie den Glauben entstehen lässt, durch die simultane Bearbeitung von Aufgaben schneller und effektiver zu arbeiten (Fielding 2014; Applebaum et al. 2008). Das menschliche Gehirn besitzt allerdings nicht die gleichen Kapazitäten wie ein Computer und kann nicht simultan mehrere Aufgaben bearbeiten. Ganz im Gegenteil: Die Dauer der Bearbeitung verlängert sich und ist zumeist weniger akkurat als wenn die Aufgaben nacheinander bearbeitet werden (Courage et al. 2015).

Den Auswirkungen von Smartphones und IKT auf die Produktivität am Arbeitsplatz ging auch der ungarische Psychologe Csikszentmihalyi bereits in mehreren Studien nach (z. B. Csikszentmihalyi 1996). Er untersuchte das Phänomen, welches heute weithin als *Flow* bekannt ist. Dabei handelt es sich um einen körperlichen und geistigen Zustand, in welchem höchste Konzentration und Aufmerksamkeit auf der zu bewältigenden Aufgabe liegen. Gekennzeichnet ist dieser Zustand unter anderem durch das volle Aufgehen in der Aufgabe und dem Verlust des Zeitgefühls. Um den Zustand des *Flow* zu erreichen, bedarf es zunächst eines klaren Ziels, um die Aufgabe bewältigen zu können. Des Weiteren ist die Balance zwischen wahrgenommenen Anforderungen und wahrgenommenen Fähigkeiten ausschlaggebend für das Einsetzen des *Flows*. Überschreiten die Anforderungen die eigenen Kompetenzen, so kommt es zu einer Überforderung. Überschreiten die Fähigkeiten die Anforderungen, so kommt es zu einer Unterforderung. Ein optimaler *Flow* entsteht demnach aus einer Kombination von Herausforderung und Fähigkeiten mit jeweils idealer Intensität für den Einzelnen (Csikszentmihalyi et al. 2014). Forschungsergebnisse zeigen, dass Personen, die sich nicht über einen längeren Zeitraum konzentrieren können, anfälliger dafür sind, aus Frustration oder Langeweile auf das Smartphone zurückzugreifen (Roberts et al. 2015), was wiederum auf die bereits vorgestellten Konditionierungsmodelle zurückgeführt werden kann.

> **Fazit**
>
> Die Bedeutung einer ausgewogenen Arbeitsanforderung am Arbeitsplatz ist nicht zu unterschätzen. Bezieht man ein, dass Arbeitnehmer ihre Tätigkeit alle 18 min unterbrechen, um auf das Smartphone zu sehen, kann angenommen werden, dass dies einen erheblichen Einfluss auf die Produktivität hat und das Erreichen eines *Flows* verzögert oder gar verhindert.
>
> Unternehmen sollten daher darauf achten, eine Atmosphäre zu schaffen, die die Produktivität positiv beeinflusst. Dies bedeutet, sich den möglichen Störfaktoren bewusst zu sein und entsprechende Maßnahmen zum Beispiel auch in der Gestaltung des Büros zu ergreifen (Nakamura und Csikszentmihalyi 2014). Nicht nur Microsoft- und LinkedIn-Büros verfügen heute beispielsweise über kleine Telefonkammern, in die sich Mitarbeiter für Gespräche zurückziehen können.

2.2.2   Cyberloafing

Werden soziale Medien oder elektronische Geräte nicht aus beruflicher Motivation, sondern aus persönlicher Motivation am Arbeitsplatz genutzt, wird von *Cyberloafing* gesprochen (Lim 2002). Die Handlichkeit der Smartphones hat die *Cyberloafing*-Möglichkeiten und somit die Ablenkungsmöglichkeiten ausgeweitet. Während *Cyberloafing* unter Studenten auch mit positiven Auswirkungen in Verbindung gebracht wird, da die Möglichkeit, persönliche Angelegenheiten während Vorlesungen zu erledigen, als produktiv erachtet wird (Kim und Byrne 2011), sind die Auswirkungen in Verbindung mit dem Arbeitsplatz meist negativ behaftet. Hierfür werden verschiedene Ursachen verantwortlich gemacht: Zum einen wird beobachtet, dass Angestellte, die ihre Aufgaben zwar bearbeiten wollen, jedoch nicht über die nötige Selbstkontrolle verfügen, eher dazu tendieren, *Cyberloafing* Verhalten aufzuweisen, als Personen, die über ein angemessenes Ausmaß an Selbstkontrolle verfügen (Prasad et al. 2010). Zum anderen wird auch beobachtet, dass Personen aufgrund fehlender Motivation oder negativer Einstellung gegenüber dem Unternehmen sich bewusst anderweitig am Arbeitsplatz beschäftigen. Gefördert wird dieses Verhalten durch fehlende intrinsische Motivation, die den Mitarbeiter dazu veranlasst, persönliche E-Mails oder andere private Angelegenheiten während der Arbeitszeit zu bearbeiten. Ebenfalls kann durch nicht ausreichende extrinsische Motivation, wie beispielsweise inadäquate Bezahlung, *Cyberloafing*-Verhalten leichter legitimiert werden (Lim 2002). Auch hier spielt wiederum die Fähigkeit zur Selbstkontrolle eine Rolle: So tendieren Personen, die ihre Impulse kontrollieren können, trotz unfairer Arbeitsbedingungen dazu, dem *Cyberloafing*-Verhalten nicht nachzugehen (Restubog et al. 2011). Das Verhalten kann auch durch Langeweile in Folge von Arbeitsunterforderung verursacht werden (Pindek et al. 2018).

Fazit

Dies bedeutet, dass Führungskräfte auch in diesem Zusammenhang auf eine optimale Aufgabengewichtung sowie auf ein anregendes Arbeitsumfeld achten müssen. Inwieweit allerdings das Eingreifen durch den Vorgesetzten im Rahmen von Überwachung und Einschränkung möglich und sinnvoll ist, ist fraglich. Vielmehr sollten Transparenz und Austausch im Vordergrund stehen.

2.2.3 Stress

Stress – definiert als Zustand von Unausgeglichenheit oder gefährdeter Homöostase (Tsigos und Chrousos 2002) – ist in Europa heute das zweithäufigste arbeitsbedingte Gesundheitsproblem nach Muskel-Skelett-Erkrankungen. Während kurzfristiger Stress durch die Ausschüttung von Adrenalin die Leistungsfähigkeit des Körpers steigern kann, kann langanhaltender Stress zu psychischen und physischen Problemen führen. Psychisch zeigt sich Stress unter anderem durch Negativität, Reizbarkeit und Anspannung, was sich wiederum negativ auf die Arbeitsqualität auswirken kann. In schwerwiegenden Fällen können Herzinfarkte, Bluthochdruck und Geschwüre auf arbeitsbedingten Stress zurückgeführt werden (Schuler 1980).

Heute haben Unternehmen und Arbeitnehmer immer mehr mit digital ausgelöstem Stress zu kämpfen (Techniker Krankenkasse 2016; Otto und Westhagen 2016). Behinderungen und Unterbrechungen am Arbeitsplatz sind dabei die häufigsten Ursachen von Stress. In einem Büroexperiment der *University of California* konnten Personen, die während einer E-Mail Aufgabe mehrmals von einer Führungskraft unterbrochen wurden, die Aufgabe zwar schneller lösen als die Kontrollgruppe, berichteten jedoch auch von höherer Belastung, Frustration und Stress. Die Forscher erklären das Ergebnis damit, dass die unterbrochene Testgruppe die verlorene Zeit durch schnelleres Arbeiten kompensierte. Inwieweit die

Qualität des Outputs durch schnelleres Arbeiten beeinflusst wird, geht aus dieser Studie nicht hervor (Mark et al. 2008).

Dass auch die permanente Erreichbarkeit zu Stress und Produktivitätsverlust am Arbeitsplatz führen kann, wird immer häufiger diskutiert. Der DAK-Gesundheitsreport (2013) zog die Schlussfolgerung, dass eine erhöhte berufliche Erreichbarkeit und der damit einhergehende Stress ein höheres Risiko mit sich bringen, an psychischen Beschwerden zu erkranken.

Auch die Mensch-Computer Interaktion an sich kann sowohl im privaten als auch im beruflichen Feld zu bedeutenden Stresswahrnehmungen, dem sogenannten Technostress führen (Riedl et al. 2012).

Definition: Technostress
Technostress definierte Brod bereits 1984 als *„modern disease of adaption caused by an inability to cope with the new computer technologies in a healthy manner"*. Hinzu kommt auch *„the stress produced by working at rhythms dictated by a machine, the strain of spending a day looking at a video monitor and the loss of self-esteem of those who find themselves unable to master new equipment"* (Anderson 1985). In den darauffolgenden Jahren wurde die Definition von Weil und Rosen (1997) erweitert auf *„any negative impact on attitudes, thoughts, behaviors, or body physiology that is caused either directly or indirectly by technology"*. Im Zuge der fortschreitenden Digitalisierung wird auch die Angst davor, von einer Maschine ersetzt zu werden, als indirekter Auslöser von Technostress gesehen (Grancy 2018).

Da der Computer zu Beginn der Technostressforschung hauptsächlich für berufliche Zwecke verwendet wurde, lag der Fokus durchgeführter Analysen auf den Auswirkungen am Arbeitsplatz. Heute ist das Smartphone als ein Computer im Kleinformat ständiger Begleiter der Menschen. Das Smartphone ist somit ebenso ein Technostressverursacher geworden wie der Computer, wobei dieser Stress nicht mehr ausschließlich mit technischem Versagen in Verbindung gebracht wird (Lee et al. 2014; Boonjing und Chanvarasuth 2017). E-Mails sind beispielsweise zu einem Stresssymbol geworden. Besonders bei Angestellten, die geschäftlich viel mit Kunden oder Mitarbeitern im Ausland zusammenarbeiten, kann es zum Arbeitsbeginn in der Früh vorkommen, dass das Postfach mit E-Mails überflutet ist, da in einer anderen Zeitzone der Tag bereits in vollem Gange ist. Aber auch Angestellte, die tagsüber viel von ihrem Arbeitsplatz weg sind, kehren gegen Ende des Tages zu einem vollen E-Mail-Postfach zurück. In diesem

Moment kann eine negative Stresssituation entstehen – zum einen aufgrund der Erwartungshaltung des E-Mail-Senders, schnell eine Antwort zu bekommen, zum anderen aufgrund der Besorgnis, wichtige Informationen versäumt zu haben (Barley et al. 2011). Die Smartphone-Ära lässt durch die Flexibilität, E-Mails an jedem Ort und zu jeder Zeit zu beantworten zu können, die Stresswahrnehmung aufgrund von überfluteten Postfächern unter Umständen sinken, allerdings ist die Stresssituation lediglich auf ein neues elektronisches Gerät übertragen worden. Es zeigte sich in einer Studie, dass grundsätzlich die Nutzungszeit des Smartphones positiv mit dem wahrgenommenen Stresslevel korreliert (Thomée et al. 2011).

Es ist klar, dass nicht nur akute Stressoren wie Systemabstürze die Entstehung und Auswirkungen von Technostress beeinflussen, sondern auch weitaus komplexere Faktoren eine Rolle spielen können, wie zum Beispiel:

- *Techno Overload,* Situationen, in denen IKT Nutzer gezwungen sind, schneller oder länger zu arbeiten.
- *Techno Invasion,* Situationen, in denen die ständige Erreichbarkeit der IKT das Privatleben einschränken.
- *Techno Complexity,* Situationen, in denen die Komplexität der IKT dem Nutzer das Gefühl verleiht, über inadäquate Computerkenntnisse zu verfügen und er sich gezwungen fühlt, Zeit und Anstrengung in das Erlernen der Kenntnisse zu investieren.
- *Techno Insecurity,* Situationen, in denen Nutzer entweder durch die Automatisierung durch IKT oder durch Personen mit besseren IKT Kenntnissen ihren Job gefährdet sehen.
- *Techno Uncertainty,* Situationen, in denen die laufenden Aktualisierungen von IKT und der in Folge nötige Lernaufwand den Nutzer beunruhigen (Ragu-Nathan et al. 2008).

Technostress kann sich genauso wie konventioneller Stress auch in physiologischen Symptomen zeigen. Durch die Nutzung von Smartphones und Computern und dem damit verbundenen Verharren in einer Position über einen längeren Zeitraum können Schmerzen im Nacken, in den Schultern und Augen entstehen (Boonjing und Chanvarasuth 2017).

Dass Stress nicht nur mit negativen Folgen behaftet ist, sollte auch im Zusammenhang mit der IKT-Nutzung nicht außer Acht gelassen werden. Techno-Eustress ist ein Begriff, der einen als positiv empfundenen Stress bezeichnet. Dieser kann bei der Bewältigung einer zwar lösbaren, aber herausfordernden Aufgabe eintreten. Es wird diskutiert, dass kurzzeitiger Technostress ebenso förderlich wie konventioneller Stress sein kann (Boonjing und Chanvarasuth 2017). Das Empfinden ist jeweils abhängig davon, ob die Person IKT als

Herausforderung oder als Gefahr ansieht. *Digital Natives* tendieren beispiels-weise eher dazu, die Technologie als Chance und Herausforderung zu sehen, als sich dadurch gefährdet zu fühlen (Vodanovich et al. 2010).

Fazit

Technologien können auf verschiedene Arten Stress auslösen. So kann einer-seits selbst die Nicht-Anwendung von Technologie zu Stress führen, da bei-spielsweise eine ständige Erreichbarkeit erwartet wird, andererseits kann Stress aber auch durch und während der Nutzung von Technologie eintreten. Selbst das bloße Überprüfen der Emails kann bereits Stress auslösen. Unter-nehmen sollten darauf achten, dass Mitarbeiter möglichst wenigen Arten von Technostress ausgesetzt sind.

2.2.4 Schlafstörungen

Etwa sechs von zehn Erwachsenen nehmen abends ihr Handy mit ins Bett. Im Rahmen verschiedener Studien wurde ein möglicher Zusammenhang zwischen der durchschnittlichen Schlafdauer und der ansteigenden Smartphone- und Laptop-Nutzung vor dem Schlafengehen untersucht (z. B. Twenge et al. 2017; Keyes et al. 2014). So konnte beobachtet werden, dass die Nutzung von Smart-phones am späten Abend nicht nur zu niedrigerer Schlafqualität, sondern auch zu Ermüdungserscheinungen am Folgetag führen kann (Exelmans und van den Bulck 2016). Ebenso kann eine längere abendliche Nutzung des Smartphones für berufliche Zwecke die Selbstkontrolle bei auftretenden Ablenkungen hemmen und Impulsivität am Folgetag fördern (Gombert et al. 2018). Eine weitere Studie stellte eine Korrelation zwischen erhöhter Nutzung von sozialen Medien und ver-ringerter Schlafqualität fest, welche in Folge auch zu einer erhöhten Anzahl kog-nitiver Fehlstörungen tagsüber führen kann (Xanidis und Brignell 2016).

Darüber hinaus spielt ein biologischer Prozess eine wichtige Rolle: Setzt man sich über den Abend hinweg dem Licht der LED-Dioden, wie sie in Lap-top-, Smartphone-, Fernseher- und Computerbildschirmen zu finden sind, aus, so kommt es zu einem deutlich langsameren Anstieg der Melatonin Werte (Müller 2015; Chellappa et al. 2013). Melatonin steuert den zirkadianen Rhythmus des Menschen. Das Hormon steigt bei zunehmender Dunkelheit an und beeinflusst den Schlaf-Wach-Rhythmus (Fischer et al. 1999). Das Blaulicht, welches von Monitoren ausgestrahlt wird, hemmt die Produktion des Melatonins. Während dieser Prozess tagsüber von Vorteil ist, ist dies am Abend meist eher unerwünscht.

▷   **Tipp** Für Berufstätige, die zu einer geregelten Uhrzeit aufstehen müssen und tagsüber an Erschöpfung leiden, kann eine verringerte Blaulicht-Aussetzung abends hilfreich sein, da ausreichend Schlaf die durch übermäßige Smartphone-Nutzung auftretenden Auswirkungen, wie der Verlust von Selbstkontrolle, mindern kann (Gombert et al. 2018). Auch das Reduzieren der Blaulicht-Anteile im Smartphone abends kann sich positiv auf einen geregelten zirkadianen Rhythmus auswirken (Oh et al. 2015). Diese Funktion lässt sich in manchen Smartphones einfach einstellen. Es ist allerdings ratsam, trotz der Möglichkeit, die Blaulichtanteile zu filtern, elektronische Bildschirme möglichst wenig abends zu nutzen. Denn obwohl die Melatonin-Produktion durch ein mögliches Filtern weniger unterdrückt wird, können auch Faktoren, wie Stress oder Anstrengung, die durch Tätigkeiten mit elektronischen Geräten entstehen können, den Schlaf beeinflussen (Wood et al. 2013).

3.1 Ursprung des Digital Detox

Definiert wird Digital Detox als eine Zeitspanne, in der eine Person auf die Nutzung jeglicher elektronischen Geräte, wie etwa Smartphone und Computer, verzichtet. Dies soll eine Möglichkeit darstellen, Stress zu reduzieren oder sich wieder auf die sozialen Interaktionen im realen Leben zu fokussieren. Unter Digital Detox wird auch vielfach das „Offline-Sein" an sich verstanden, allerdings geht es in diesem Kontext viel mehr um den Bewusstseinszustand, als den technischen Zustand. So bedeutet Online-Sein nicht nur die Verbindung zur digitalen Welt, sondern bezieht sich auf den subjektiv empfundenen Bewusstseinszustand, erreichbar und somit auf Abruf zu sein (Otto und Westhagen 2016). Digital Detox wurde im Jahr 2013 weltweit bekannt, nachdem Nachrichtenportale über die Eröffnung des ersten Digital Detox Camps (siehe Beispiel *Camp Grounded* nachfolgend) in Kalifornien berichteten (Haber 2013). Noch im selben Jahr wurde der Begriff in das *Oxford Dictionary* aufgenommen (Strutner 2013).

Beispiel: *Camp Grounded* als Digital Detox Retreat

Im Silicon Valley, dem Hotspot neuester Technologien, hatten zwei Amerikaner im Jahr 2013 den Trend der digitalen Entgiftungskur zu einem Geschäftsmodell gemacht. Camp Grounded hieß das Feriencamp, welches etwa 2,5 Stunden entfernt von San Francisco im Ort Navarro im US-Bundestaat Kalifornien lag (Hecking 2014). Über ein verlängertes Wochenende konnten Teilnehmer hier von der digitalen Welt abschalten und an Aktivitäten teilnehmen, wie man sie noch von Sommercamp-Zeiten -aus den Teenagerjahren kannte. Die Teilnehmer reichten von Top-Managern und Wall-Street-Investoren hin zu Studenten und Künstlern. Sobald man aber das Camp betrat,

© Springer Fachmedien Wiesbaden GmbH, ein Teil von Springer Nature 2020   21
V. Welledits et al., *Digital Detox im Arbeitsleben,* essentials,
https://doi.org/10.1007/978-3-658-28071-0_3

waren die knapp 300 Campteilnehmer gleichgestellt. Die Regeln sind simpel: keine digitale Technologie, keine Uhren, keine Gespräche über die Arbeit, keine Drogen und Alkohol und keine unnatürlichen Lichtquellen. Das Camp wollte dadurch die Kreativität, die Erholung und den zwischenmenschlichen Kontakt fördern (Camp Grounded o. J.).

Ein Wochenende kostete zwischen 300 und 570 US$. Aufgrund des unerwarteten Todes des Mitgründers Levi Felix fand das bisher letzte Camp im Mai 2017 statt (O'Brien 2017).

Der Trend zur digitalen Auszeit hat auch im deutschen Raum Fuß gefasst. Eine Forsa Studie im Auftrag der DAK zeigte, dass sich seit 2014 Jahr um Jahr mehr Menschen vornehmen, weniger Handy, Computer und Internet zu verwenden – insbesondere die Gruppe der 14- bis 29-jährigen (DAK-Gesundheit 2017). Dass dieses Vorhaben zum Teil auch umgesetzt wird, zeigt eine Studie des Digitalverbands Bitkom: 44 % der Befragten gaben an, schon einmal bewusst auf digitale Medien verzichtet zu haben. Davon verzichteten rund 9 % regelmäßig mehrere Stunden auf entsprechende Technologien und rund 20 % gaben an, schon einmal über einen oder mehrere Tage hinweg nicht über Handy, E-Mail oder soziale Netzwerke erreichbar gewesen zu sein. Das digitale Fasten kann aber auch eine Herausforderung darstellen. Jeder siebte scheiterte beim Versuch, für einen gewissen Zeitraum auf digitale Medien zu verzichten. Etwa 38 % der Befragten sind von dem Konzept gar nicht überzeugt und bevorzugen „always on" zu sein (Bitkom 2017).

In einer Studie mit knapp 900 Studenten, die für 24 h an einem Digital Detox Experiment teilnahmen, konnte die Hälfte die Zeit nicht durchhalten und gab auf. Grund für den Abbruch war in vielen Fällen das selbst beschriebene Suchtverhalten gegenüber digitalen Medien, sowie Angstzustände, die das Nicht-Online-Sein auslösten (Roberts und Koliska 2014). Ähnliches zeigte eine Studie, in der sich herausstellte, dass junge Personen ein größeres Problem mit digitalem Abschalten haben als ältere Personen. Untersucht wurden hier allerdings lediglich die Einstellung und Erwartungshaltung gegenüber Digital Detox. Auf die Frage wie sich junge Personen (<29 Jahre) fühlen würden, wenn sie für 24 Stunden digital abschalten würden, wurden zu einem bedeutenden Teil negative Emotionen wie die Angst, etwas zu verpassen, Langeweile, Einsamkeit und Irritation in Verbindung gebracht. Ältere Personen hatten eine deutlich positivere Einstellung gegenüber dem digitalen Abschalten (Thomas et al. 2016).

3.2 Digital Detox am Arbeitsplatz

Unternehmen und Führungskräfte können bis zu einer gewissen Grenze die Entstehung und Auswirkungen von Stress minimieren. Da man heutzutage nicht nur am Arbeitsplatz, sondern auch im Privatleben zunehmend digital gefordert wird, sind die Stressfaktoren außerhalb des Berufs ebenfalls einzubeziehen. Immer mehr Menschen empfinden es als notwendig, Abstand von IKT auch im Alltag zu nehmen (Thomas et al. 2016). Die Bedeutung von Digital Detox hat in den letzten Jahren auch im beruflichen Kontext zugenommen. Eine Vielzahl von Unternehmen und Organisationen beschäftigen sich mit diesem Themenkomplex und erarbeiteten mögliche Erfolgsstrategien. Deloitte fordert seine Mitarbeiter beispielsweise mit einer „Digital Detox Woche" dazu auf, jeden Tag kleine Schritte gegen die digitale Abhängigkeit zu unternehmen (siehe Beispiel: Digital Detox-Woche bei Deloitte).

Beispiel: Digital Detox-Woche bei Deloitte (Joyce et al. 2018)

- Montag: Abmelden von allen ungewollten E-Mail Newslettern. Personen, die man nicht kennt von seinen sozialen Medien löschen. Möchte man einen Schritt weitergehen, kann das Smartphone auf Grautöne umgestellt werden, um die Attraktivität der Nutzung zu verringern.
- Dienstag: Applikationen, die in den letzten Monaten nicht genutzt wurden, entweder löschen oder in einen Ordner verschieben, um aufzuräumen. Push-Notifikationen für soziale Medien ausschalten.
- Mittwoch: Smartphone außerhalb des Schlafzimmers aufladen und einen analogen Wecker kaufen.
- Donnerstag: In der Früh nicht auf das Telefon blicken bis man in der Arbeit angekommen ist. Beim Abendessen das Handy ausschalten.
- Freitag: Einen Tag lang seine Mahlzeiten in einem Raum ohne Fernseher, Smartphone und Computer essen.
- Samstag: Einen Tag lang von allen sozialen Medien fernbleiben.
- Sonntag: Das Smartphone für acht ununterbrochene Stunden ausschalten (tagsüber) und die Smartwatch zu Hause lassen.

Viele Arbeitnehmer stresst das Gefühl, durch mobile Endgeräte theoretisch ständig erreichbar zu sein. Eine Umfrage der österreichischen Arbeiterkammer kam zu dem Ergebnis, dass 81 % der Befragten auch in nicht erwerbstätiger Zeit, sprich Freizeit, Urlaub oder Krankenstand für die Arbeit erreichbar sind. 61 % der Befragten fühlen sich dadurch gestört. Inwieweit die Erreichbarkeit von den

Arbeitgebern erwartet wird, geht aus der Untersuchung nicht hervor. Interessant ist dennoch, dass die Erreichbarkeit nicht nur ein Problem von gut bezahlten Angestellten und Führungskräften ist, sondern dass Personen, die keine höhere Bildung abgeschlossen haben, hiervon sogar stärker betroffen sind (Arbeiterkammer 2018). Eine vergleichbare Studie des deutschen online Portals YouGov (2016) zeigt, dass rund zwei Drittel der Erwerbstätigen unter der Woche nach Feierabend telefonisch oder per E-Mail von Kollegen wegen beruflicher Fragen kontaktiert werden. Am Wochenende ist dies für 46 % der Befragten der Fall. Im Urlaub immerhin noch für 37 %.

Das Problem hierbei ist, dass viele Unternehmen keine eindeutigen Regeln aufstellen. In der Praxis hängt die Erreichbarkeit mehr von der Unternehmenskultur ab, als von festgelegten Richtlinien und Regeln. Wenn der Vorgesetzte beispielsweise wiederholt nach Dienstschluss E-Mails versendet, so kann dies von den Angestellten interpretiert werden, dass sofort eine Antwort erwartet wird. Sowohl das deutsche als auch das österreichische Arbeitsrecht legen fest, dass der Arbeitnehmer nicht verpflichtet ist, in der Freizeit, im Urlaub oder im Krankenstand erreichbar zu sein. Dies gilt auch über das Firmenhandy. Lediglich bei betrieblichen Notfällen wird eine Verfügbarkeit der Mitarbeiter erwartet. Gerechtfertigt wird eine erweiterte Erreichbarkeit meist bei Führungskräften, die allerdings sachlich fundiert und im Vorhinein vertraglich vereinbart werden muss.

Durch Aufklärung, klare betriebliche Regelungen, was den Beantwortungszeitraum von E-Mails betrifft und eine entsprechende Unternehmenskultur, die auch von den Vorgesetzten getragen wird, kann der Technostress durch ständige Erreichbarkeit gemindert werden.

> **Beispiel Volkswagen: Emails außerhalb der Arbeitszeit**
>
> Volkswagens Betriebsrat setzte 2011 durch, dass nach Arbeitsende keine E-Mails mehr an die Beschäftigten weitergeleitet werden. Der Server wird ab einer halben Stunde nach Dienstschluss, bis eine halbe Stunde vor Dienstbeginn abgeschaltet. E-Mails, die im Feierabend verschickt wurden, können erst wieder am nächsten Morgen empfangen werden. Dies betrifft rund 1000 Mitarbeiter im Tarifvertrag (Handelsblatt 2011). Ende 2017 wollte der Porsche Betriebsratschef die Regelung weiter verschärfen: E-Mails, die außerhalb der Arbeitszeiten verschickt werden, sollen nicht nur pausiert, sondern vom Server gelöscht werden. Sie müssten demnach am folgenden Tag ein weiteres Mal verschickt werden (Spiegel 2017).

3.3   Mögliche Effekte eines Digital Detox

Studien zur Wirkung eines Digital Detox stellen derzeit noch mehrheitlich die Nutzung von Smartphones bei Kindern und Jugendlichen oder die Effekte von Digital Detox in der Freizeit in den Vordergrund, nicht aber die Effekte, die ein Digital Detox auf die Produktivität und auf den Arbeitsplatz haben kann. Eine umfassende Studie in den USA untersuchte aufgrund des seit 2012 sinkenden subjektiven Wohlbefindens bei Jugendlichen, inwieweit die immer weiter steigende Nutzung von elektronischen Geräten damit in Zusammenhang steht. Tatsächlich bewerteten sich Jugendliche, die mehr Zeit mit elektronischer Kommunikation und Bildschirmen verbrachten als unglücklicher und unzufriedener im Leben als Jugendliche, die mehr Zeit mit sozialer Interaktion, Sport und Printmedien verbrachten. Diese Korrelation war bei den 18-jährigen schwächer ausgeprägt als bei den 14- bis 16-jährigen, was darauf hindeutet, dass die Auseinandersetzung mit elektronischen Geräten für junge Teenager besonders problematisch ist. Dennoch ist ein kompletter Verzicht auf digitale Medien nicht unbedingt notwendig. Die Studie fand auch heraus, dass Personen, die digitale Medien immerhin ein paar Stunden pro Woche nutzten, glücklicher waren, als Personen, die komplett darauf verzichteten. Ab einer gewissen Nutzungsdauer allerdings, fiel der durchschnittliche Glückswert (Twenge et al. 2018).

Was erwarten Menschen, die sich einem 24-stündigen Digital Detox aussetzen? Die meisten erhoffen sich eine erhöhte Produktivität in diesem Zeitraum, gefolgt von mehr Zeit und mentaler Klarheit. Allerdings erwarten sie auch, dass sie aufgrund der digitalen Abwesenheit, den Kontakt zu Freunden und Familie temporär verlieren könnten. Jüngere Personen hatten weitaus häufiger als Erwachsene die Erwartung, keinen Vorteil aus dem digitalen Abschalten ziehen zu können (Thomas et al. 2016).

Eine andere Studie untersuchte, inwieweit der Aufenthalt in der Natur messbar die Wahrnehmung und Lernfähigkeit verbessern kann. Über eine viertägige Wanderung in der Natur, fernab aller Technologien, konnte bei den Teilnehmern eine deutliche Verbesserung der kognitiven Fähigkeiten festgestellt werden. Abgesehen davon, dass der Aufenthalt in der Natur insgesamt Stress reduziert, kann eine höhere kognitive Leistung dadurch erklärt werden, dass das Gehirn in der Natur lediglich natürlichen und „weichen" Stimuli ausgesetzt ist. Es verfällt so in einen Ursprungsmodus und erholt sich leichter (Atchley et al. 2012). „Waldbaden" ist in diesem Zusammenhang inzwischen ein populäres Stichwort. Interessant ist, dass keine kognitive Leistungssteigerung bei urbanen Spaziergängen gemessen werden konnte, sondern lediglich bei Spaziergängen in der Natur (Bratman et al. 2015).

Es zeigte sich auch, dass Personen, die bereits Erfahrungen mit einem freiwilligen Digital Detox gemacht hatten, anschließend weniger mit negativen Emotionen wie Angst zu kämpfen haben als beim ersten Mal, unabhängig davon, ob die erste Erfahrung positiv oder negativ war. Genauso wie bei vielen anderen Dingen im Leben, gilt auch hier: Übung macht den Meister (Thomas et al. 2016).

> **Fazit**
>
> Selbst ein partieller Digital Detox, also zumindest eine signifikante Einschränkung der Smartphone-Nutzung, kann bereits positive Effekte auf das subjektive Wohlbefinden haben. Dies ist eine gute Nachricht für diejenigen, die einen vollständigen Digital Detox mit starken negativen Emotionen verbinden. Tatsächlich weisen verschiedene Studien nach, dass jedoch ein totaler Digital Detox insbesondere in Verbindung mit einem Aufenthalt in der Natur einen besonders starken Beitrag zu einer allgemeinen Stressreduktion leisten kann.

3.4   Wege zu einem gesünderen Umgang mit Technologien

Für einen gesünderen Umgang mit Technologie gibt es verschiedene Wege. Tatsächlich sehen Deutsche vor allem den Urlaub als Möglichkeit, Abstand von ihrem Smartphone zu gewinnen. In einer Studie gaben 36 % der Befragten an, im Urlaub ihr Smartphone deutlich weniger zu nutzen, als zu Hause. Etwa 20 % nehmen ihr Smartphone in den Urlaub mit, verwenden es aber nur in Notfällen. Diese Notfälle traten allerdings bei jedem Zweiten sogar mindestens einmal pro Tag auf. Es geht aus der Studie nicht hervor, ob es sich hier um familiäre oder berufliche Notfälle handelt (Sausen 2018). Klar ist, dass Smartphones in vielerlei Hinsicht Urlaubsaktivitäten vereinfachen und oft das zentrale Mittel in der vorläufigen Urlaubsplanung und der Dokumentation (Fotos, Videos) sind (Wang et al. 2016). Die Art des Urlaubs scheint ein entscheidender Faktor in der Bereitschaft zu einem Digital Detox zu sein. So zeigte sich, dass die Hälfte der britischen Camping Urlauber, die in einer Studie befragt wurden, bewusst digital abschalten wollen (Dickinson et al. 2016). Die Nachfrage nach Offline-Urlaub nimmt immer weiter zu, und in Ländern wie Australien und Neuseeland, in denen meist nur die Ballungszentren gut vernetzt sind, profitieren auch die ländlichen Regionen nun sogar von ihrem vermeintlichen Nachteil (Pearce und Jing 2018). Auch in Österreich können Unterkünfte, die über keine Stromversorgung verfügen, für ein Digital Detox in den Bergen gebucht werden. Auch gibt es bewirtschaftete Gasthöfe, in denen beim Check-In das Smartphone eingesammelt wird (Austria Info o. J.). Digital Detox-Urlaub wird ebenso in Verbindung mit Wellness- und Yoga-Retreats in Ländern wie Sri Lanka, Thailand und Indien angeboten (Health and Fitness Travel 2016).

Sind Urlauber hingegen gezwungen, auf ihr Smartphone zu verzichten, sei es durch Netzwerkprobleme oder aufgrund der Entscheidung des Hotels, keinen Internetanschluss anzubieten, so bleibt der Erholungseffekt aus oder ist zumindest verringert (Kirillova und Wang 2016). Ähnliche Reaktionen konnten übrigens bei Studenten beobachtet werden, die ihr Handy gezwungenermaßen weglegen mussten. Diese waren deutlich ängstlicher und nervöser als Personen, die ihr Handy bereitwillig weglegten (Cheever et al. 2014).

In Anbetracht der *Cyberloafing*-Thematik ist ein Smartphone Verbot kontraproduktiv. So erwiesen sich in einer Studie mit koreanischen Frauen, die an einem Programm einer Smartphone-Entzugsklinik teilnahmen, die Methoden der Selbsterkenntnis und Selbstkontrolle als die wirksamsten (Chun 2018). Es scheint die selbstständige Entscheidungsfreiheit ausschlaggebend für ein erfolgreiches Abschalten aus der digitalen Welt zu sein. Allerdings reicht das rein symbolische Abschalten des Smartphones nicht aus, um tatsächlich einen Nutzen davon zu tragen. Viel wichtiger und auschlaggebender ist der Wechsel des Bewusstseinszustandes. Denn bleibt trotz abgeschalteten Smartphones die Anspannung oder das Gefühl, etwas zu verpassen, bestehen, geht die Sinnhaftigkeit des Digital Detox verloren (Otto und Westhagen 2016). Um diesem Automatismus entgegenzuwirken muss in erster Linie die „innere Alarmbereitschaft" reduziert werden: Jedes Klingeln oder Aufleuchten des Bildschirmes und der darauffolgende Griff zum Smartphone aktiviert das Belohnungssystem im Gehirn und verstärkt den Lernprozess (Charlet und Heinz 2012). Eine Übung, die am Arbeitsplatz wie auch im privaten Alltag umgesetzt werden kann, ist das bewusste Ignorieren von Textnachrichten und – je nach familiärer oder beruflicher Dringlichkeit – Anrufen für einen Zeitraum von mehreren Stunden. Nach Ablauf der Zeit kann wieder auf das Smartphone geblickt werden, jedoch wird man in den meisten Fällen realisieren, dass gar keine wichtigen Nachrichten verpasst wurden.

In Bezug auf E-Mail-Verkehr können bereits kleine Veränderungen den Arbeitsplatz stressfreier machen. In erster Linie sollten Geschäftsemails nur in der Arbeitszeit beantwortet werden und nicht auf den privaten Rechner oder auf das private Smartphone weitergeleitet werden. Bearbeitet werden können die E-Mails entweder durch das „Ein-Mal-Anfassen-Prinzip" (die E-Mail wird gelesen, sofort beantwortet und gelöscht) oder nach dem „Priorisieren-Prinzip" (wichtige E-Mails werden zügig beantwortet und weniger wichtige E-Mails zur späteren Bearbeitung in entsprechende Ordner abgelegt). Zudem sollte, genauso wie der Arbeitsplatz, der E-Mail-Ordner nicht in Chaos verfallen.

Das gleiche gilt für das Smartphone: Applikationen, die zum reinen Zeitvertreib dienen, sollten gelöscht werden. Auch Social Media-Applikationen sollten vom Smartphone verbannt werden. Denn diese können weitestgehend auch auf dem Desktop abgerufen werden und stellen somit eine unnötige Ablenkung im Alltag dar. Wer einen drastischeren Schritt unternehmen möchte, kann sich ein sogenanntes *Light Phone* zulegen, was unter dem Motto „We are humans and we are taking back our lives" beworben wird (The Light Phone o. J.). Es kann die Telefonnummer des eigentlichen Telefons übernehmen, ist aber so groß wie eine Kreditkarte und verfügt lediglich über eine Telefonie-Funktion (Christner 2018).

Analoge Armbanduhren und herkömmliche Wecker sind weitere Schritte, die verwendet werden können, um digital bewusster zu leben. Denn Personen, die ihr Smartphone verwenden, um nach der Zeit zu sehen oder um in der Früh aufzustehen, kommen auf eine 1,8-mal höhere Nutzungszeit, als Personen, die herkömmliche Uhren verwenden. Das liegt daran, dass der kurze Blick auf das Smartphone schnell zu einer längeren Interaktion führen kann (Montag et al. 2015). Zudem konnte beobachtet werden, dass Personen, die kurz nach dem Aufwachen auf das Smartphone blicken, eher süchtig nach dem Smartphone sind, als Personen, die sich in der Früh mehr Zeit bis zu ihrer ersten Smartphone-Interaktion lassen (Haug et al. 2015).

Natürlich kann auch eine vollkommen alternative Beschäftigung zur Nutzung von digitalen Medien nützlich sein. Am beliebtesten ist hier das Lesen, wobei dieses bei über 30-jährigen deutlich beliebter ist als bei jüngeren Personen. Fortgesetzt wird die Liste mit sportlicher Aktivität an zweiter Stelle und dem Austausch mit anderen an dritter Stelle (Thomas et al. 2016).

Fazit und Tipps

Digital Detox sollte nicht als kompletter Verzicht auf Laptop, Smartphone, Tablet und Internet betrachtet werden, sondern als Möglichkeit, eine entspannte Life-Media Balance zu entwickeln (Otto und Westhagen 2016). Es gilt, unnötige Smartphone-Nutzung zu verringern, was leichter gesagt ist als getan. Eine bewusste Entscheidung ist notwendig, um die erlernten Gewohnheiten zu durchbrechen und sich so in der Folge nicht mehr durch beispielsweise den Handyklingelton aus der Ruhe bringen zu lassen. Ohne Selbsterkenntnis, Selbstkontrolle und einem Bewusstsein für den eigenen Umgang mit dem Smartphone, Tablet und Notebook ist kein gesunder Umgang mit Technologien möglich. Folgende zehn Tricks und Kniffe können dabei helfen, sich von den Impulsen der Technologien zu lösen:

- Schalten Sie alle Benachrichtigungen am Smartphone aus und entscheiden Sie selbst, wann Sie eingehende Informationen lesen wollen. Ignorieren Sie also bewusst Textnachrichten zu dem Zeitpunkt, in dem sie eintreffen. Wenn es wirklich dringend ist, wird man Sie anrufen.
- Rufen Sie E-Mails in selbst festgelegten Zeitfenstern ab – und widmen Sie sich ansonsten Ihren Aufgaben. Denken Sie daran, dass das Abrufen von E-Mails nicht Teil einer „Pause" sein sollte, da das Abrufen bereits Stress auslösen kann.
- Denken Sie an das „Ein-Mal-Anfassen-Prinzip" oder das „Priorisieren-Prinzip" bei der Bearbeitung von Emails.
- Löschen Sie Apps und steigen Sie auf Browser-Nutzung um. Loggen Sie sich jedes Mal aus der besuchten Anwendung. Machen Sie es sich so umständlich wie möglich, die zeitraubenden Seiten zu besuchen – dann werden Sie sie weniger häufig besuchen.
- Richten Sie einen technologiefreien Raum ein – wie zum Beispiel das Schlafzimmer mit einem analogen Wecker.
- Smartphone-Pausen: Befassen Sie sich bereits während der Arbeitszeit überwiegend mit digitalen Medien, werden Sie abendliche Pausen vom Smartphone sehr wahrscheinlich als erholsam empfinden.
- Legen Sie das Smartphone weg, wenn jemand mit ihnen sprechen möchte · und widmen Sie der Person ihre volle Aufmerksamkeit.
- Legen Sie sich einen Prepaid-Vertrag mit minimaler Datenkapazität (für Bikesharing, Fahrplanauskünfte oder ähnliches) für Ihr Smartphone zu. Nutzen Sie ansonsten das Internet über das Smartphone nur per WLAN. Und nehmen Sie sich ein Buch für die U-Bahn/den Bus mit.
- Nehmen Sie das Smartphone mit in den Urlaub – für Notfälle. Fragen Sie nicht nach dem WLAN-Zugang im Hotel und buchen Sie nicht das Auslandsinternetpaket Ihres Anbieters zum Vertrag.
- Digital Detox Retreats: Möchten Sie sich für eine gewisse Zeit komplett aus der digitalen Welt zurückziehen, dann nehmen Sie an einem Digital Detox-Retreat teil oder unternehmen Sie eine Digital Detox-Reise.

Zusammenfassung und Fazit 4

Konzepte wie Digital Detox lenken die Aufmerksamkeit auf das unsichtbare, aber bestehende Problem der digitalen Überlastung. Es schafft das notwendige Bewusstsein, dieses Problem überhaupt als solches zu erkennen. Besonders das Smartphone, welches seinen Weg in jede Hosen- oder Jackentasche und damit sowohl in den privaten als auch in den beruflichen Alltag gefunden hat, wird zunehmend mit Suchtpotenzial und mit negativen Auswirkungen assoziiert. Signifikante Abweichungen in den Werten zur geschätzten Smartphone-Nutzung und den tatsächlich gemessenen Werten (subjektive versus objektive Nutzung) sind beobachtbar. Menschen sind sich unter Umständen ihrer digitalen Abhängigkeit gar nicht bewusst, da ihre Erinnerungen verzerrt oder die zeitliche Wahrnehmung verfälscht sind. Als Erklärung hierfür können unterbewusste neurobiologische Prozesse herangezogen werden: Unabhängig von der Art der Smartphone-Aktivität kann die Nutzung des Smartphones innere Bedürfnisse befriedigen, was wiederum Dopamin im Belohnungssystem des Gehirns ausschüttet. Parallel zu diesem Glücksrausch findet eine operante und klassische Konditionierung statt, was die Wahrscheinlichkeit einer Wiederholung des Verhaltens weiter erhöht.

Entscheidend – egal, ob im Privat- oder Berufsleben – ist die Schaffung eines Bewusstseins zum richtigen Umgang mit Technologie. Dies geht im beruflichen Kontext von der Unternehmenskultur aus und wird beispielweise sichtbar im Vorleben der Vorgesetzten, wie diese E-Mail-Antwortzeiten oder digitale Reaktionen zum Beispiel während des Urlaubes realisieren. Auch Tools, wie *My Analytics* von *Microsoft* und *Screen Time* von *Apple* können durchaus helfen sowohl am Arbeitsplatz als auch im Alltag die Aufmerksamkeit auf die digitale Überlastung zu lenken. Erst wenn das Bewusstsein für die digitale Belastung besteht und dies kommuniziert wird, können entsprechende Maßnahmen umgesetzt werden. Dadurch werden auch zwischenmenschliche Beziehungen nicht nur unter den

© Springer Fachmedien Wiesbaden GmbH, ein Teil von Springer Nature 2020 31
V. Welledits et al., *Digital Detox im Arbeitsleben,* essentials,
https://doi.org/10.1007/978-3-658-28071-0_4

Mitarbeitern, sondern auch mit Geschäftspartnern und Kunden wieder gestärkt und ausgebaut. Im besten Fall werden diese Maßnahmen dann auch im privaten Alltag umgesetzt.

Digital Detox in seiner herkömmlichen Definition als kompletter Verzicht von elektronischen Geräten ist am Arbeitsplatz in der Regel unrealistisch, da Laptop, Smartphone und Internet in vielen Berufsfeldern unverzichtbar sind. Besser eignen sich *Digital Breaks,* die eine Pause und keine durchgehende Abstinenz von Technologie darstellen. Umsetzbar ist dies beispielsweise in Form von E-Mail freien Tagen oder Meetings ohne elektronische Geräte. Die beschriebenen Effekte sind dann allerdings entsprechend weniger ausgeprägt.

Die Studie von Bitkom (2017) zeigt, dass 44 % der Befragten bereits Erfahrungen mit Digital Detox im Privatleben gemacht haben. Für viele Menschen ist Digital Detox damit bereits ein wichtiges Thema. Zum Teil wird dies als wachsende Gegenbewegung zur Digitalisierung gewertet, zum Teil fehlt das Bewusstsein hinsichtlich dieser Problematik allerdings auch noch. Thomas et al. (2016) konnten beobachten, dass Personen, die bereits Erfahrung mit Digital Detox gemacht haben, dem Konzept beim nächsten Versuch offener und weniger ängstlich gegenüberstanden, als noch beim ersten Versuch.

Der Nachweis von Effekten eines Digital Detox steht noch am Anfang. Teenager, die viel Zeit mit digitalen Medien und Bildschirmen verbringen sind deutlich unglücklicher und unzufriedener in ihrem Leben als Teenager, die mehr Zeit mit sozialen Interaktionen, Sport und Printmedien verbringen. Bei Erwachsenen dürfte hier aufgrund der höheren Selbstkontrolle im steigenden Alter der Effekt nicht ganz so groß, aber unter Umständen dennoch beachtlich sein. In Bezug auf Digital Detox ist letztendlich die Natur unschlagbar: Der Aufenthalt in der Natur ohne elektronische Geräte hat nachweislich eine positive Auswirkung auf die kognitiven Fähigkeiten und reduziert Stress.

Was Sie aus diesem *essential* mitnehmen können

- Technologien können auf verschiedene Arten Stress (sog. „Technostress") auslösen. Unternehmen müssen darauf achten, dass Mitarbeiter möglichst wenigen Arten von Technostress ausgesetzt sind.
- Klassische Merkmale einer Verhaltenssucht können auf die Analyse einer übermäßigen Nutzung von Smartphones übertragen werden. Je mehr Zeit mit dem Smartphone verbracht wird, desto höher ist die Wahrscheinlichkeit – unabhängig von der Art der Nutzung –, unter einer Smartphone-Sucht zu leiden.
- Digital Detox ist eine Zeitspanne, in der eine Person auf die Nutzung jeglicher elektronischer Geräte verzichtet. Dies stellt eine Möglichkeit dar, Stress zu reduzieren und sich wieder auf soziale Interaktionen im realen Leben zu fokussieren.
- Auch ein partieller Digital Detox kann positive Effekte auf das subjektive Wohlbefinden haben.
- Es gilt, unnötige Smartphone-Nutzung zu verringern. Eine bewusste Entscheidung ist notwendig, um die erlernten Gewohnheiten zu durchbrechen. Ohne Selbsterkenntnis, Selbstkontrolle und einem Bewusstsein für den eigenen Umgang mit elektronischen Geräten ist kein gesunder Umgang mit Technologien möglich.
- Eine ausgewogene Arbeitsanforderung am Arbeitsplatz ist wichtig, um Unterbrechungen durch das Smartphone in einem gesunden Rahmen zu halten und einen positiven Beitrag zur Arbeitsproduktivität zu leisten.

© Springer Fachmedien Wiesbaden GmbH, ein Teil von Springer Nature 2020   33
V. Welledits et al., *Digital Detox im Arbeitsleben*, essentials,
https://doi.org/10.1007/978-3-658-28071-0

- Studien weisen nach, dass ein totaler Digital Detox insbesondere in Verbindung mit einem Aufenthalt in der Natur einen besonders starken Beitrag zu einer allgemeinen Stressreduktion leisten kann.
- Digital Detox ist am Arbeitsplatz oftmals unrealistisch. Besser eignen sich *Digital Breaks*, die eine Pause und keine durchgehende Abstinenz von Technologie darstellen.

Literatur

Aigner, F. (2018). Beruflich oder privat? Smartphones erschweren die Grenzziehung. https://www.tuwien.ac.at/aktuelles/news_detail/article/126250/. Zugegriffen: 30. Okt. 2018.

Ali-Hassan, H., Nevo, D., & Wade, M. (2015). Linking dimensions of social media use to job performance: The role of social capital. *Journal of Strategic Systems, 24*(2), 65–89.

Anderson, A. (1985). Technostress: Another Japanese Discovery. Nature, 317. London: Macmillan Publishers. https://vdocuments.site/technostress-another-japanese-discovery.html. Zugegriffen: 12. Sept. 2018.

Andone, I., Blaszkiewicz, K., Eibes, M., Trendafilov, B., Montag, C., & Markowetz, A. (2016). How age and gender affect smartphone usage. Konferenzpapier der UbiComp 2016 in Heidelberg.

Applebaum, S. H., Marchionni, A., & Fernandez, A. (2008). The multi-tasking paradox: Perceptions, problems and strategies. *Management Decision, 46*(9), 1313–1325.

Arbeiterkammer (Hrsg.). (2018). Wenn der Chef dauernd klingelt. https://wien.arbeiterkammer.at/interessenvertretung/arbeitszeit/Wenn_der_Chef_dauernd_klingelt.html. Zugegriffen: 23. Okt. 2018.

Atchley, R. A., Strayer, D. L., & Atchley, P. (2012). Creativity in the wild: Improving creative reasoning through immersion in natural settings. *PLoS One, 7*(12), 1–4.

Austria Info (Hrsg.). (o. J.). Digital Detox in Österreich. https://www.austria.info/de/digital-detox. Zugegriffen: 25. Sept. 2018.

Barley, S. R., Meyerson, D. E., & Grodal, S. (2011). E-mail as a source and symbol of stress. *Organization Science, 22*(4), 887–906.

Bitkom (Hrsg.). (2017). Die schwierige Balance zwischen Always on und digitalem Detox. https://www.bitkom.org/Presse/Presseinformation/Die-schwierige-Balance-zwischen-Always-on-und-digitalem-Detox.html. Zugegriffen: 27. Nov. 2018.

Boonjing, V., & Chanvarasuth, P. (2017). Risk of overusing mobile phones Technostress effect. *Procedia Computer Science, 111*, 196–202.

Böning, J., & Grüsser-Sinopoli, S. (2009). Neurobiologie der Glücksspielsucht. In D. Batthyány & A. Pritz (Hrsg.), *Rausch ohne Drogen. Substanzgunebundene Süchte* (S. 45–65). Berlin: Springer.

© Springer Fachmedien Wiesbaden GmbH, ein Teil von Springer Nature 2020   35
V. Welledits et al., *Digital Detox im Arbeitsleben,* essentials,
https://doi.org/10.1007/978-3-658-28071-0

Bratman, G. N., Daily, G. C., Levy, B. J., & Gross, J. J. (2015). The benefits of nature experience: Improved affect and cognition. *Landscape and Urban Planning, 138,* 41–50.

Brod, C. (1984). *Technostress: The human cost of the computer revolution.* Boston: Addison-Wesley.

Brynjolfsson, E. (1993). The productivity paradox of information technology. *Communications of the ACM, 36*(12), 67–77.

Cain, G. (2014). South Korean teens are so addicted to their smartphones that the government is taking action. https://www.businessinsider.com/south-korea-concerned-about-smart-phone-usage-2014-4?IR=T. Zugegriffen: 27. Nov. 2018.

Camp Grounded (Hrsg.). (o. J). Camp grounded rules. http://campgrounded.org/about/. Zugegriffen: 10. Okt. 2018.

Camp Grounded (Hrsg) (o.J.). Camp grounded professional background. http://campgrounded.org/about/. Zugegriffen: 10. Okt. 2018.

Charlet, K., & Heinz, A. (2012). Funktion und Neuroanatomie des Belohnungssystems. *Neurologie & Psychiatrie, 14*(10), 44–53.

Chellappa, S. L., Steiner, R., Oelhafen, P., Lang, D., Götz, T., Krebs, J., & Cajochen, C. (2013). Acute exposure to evening blue-enriched light impacts on human sleep. *Journal of Sleep Research, 22*(5), 573–580.

Cheever, N. A., Rosen, L. D., Carrier, L. M., & Chavez, A. (2014). Out of sight is not out of mind: The impact of restricting wireless mobile device use on anxiety levels among low, moderate and high users. *Computers in Human Behavior, 37,* 290–297.

Chotpitayasunondh, V., & Douglas, K. M. (2016). How "phubbing" becomes the norm: The antecedents and consequences of snubbing via smartphone. *Computers in Human Behavior, 63,* 9–18.

Christner, J. (2018). Smart ohne Phone. http://www.faz.net/aktuell/stil/mode-design/digital-detox-trend-befreiung-von-der-macht-des-smartphones-15489869/substitute-phone-15489882.html. Zugegriffen: 6. Nov. 2018.

Chun, J. (2018). Conceptualizing effective interventions for smartphone addiction among Korean female adolescents. *Children and Youth Services Review, 84,* 35–39.

Cocorada, E., Maican, C. I., Cazan, A.-M., & Maican, M. A. (2018). Assessing the smartphone addiction risk and its associations with personality traits among adolescents. *Children and Youth Services Review, 93,* 345–354.

Courage, M. L., Bakhtiar, A., Fitzpatrick, C., Kenny, S., & Brandeau, K. (2015). Growing up multitasking: The costs and benefits for cognitive development. *Developmental Review, 35,* 5–41.

Csikszentmihalyi, M. (1996). *Creativity! flow and the psychology of discovery and invention.* New York: Harper Collins.

Csikszentmihalyi, M., Abuhamdeh, S., & Nakamura, J. (2014). Flow. In M. Csikszentmihalyi (Hrsg.), *Flow and the foundations of positive psychology* (S. 227–238). Dordrecht: Springer Science+Business Media.

DAK-Gesundheit (Hrsg.). (2013). *DAK-Gesundheitsreport 2013.* Hamburg: DAK-Gesundheit. https://www.dak.de/dak/download/vollstaendiger-bundesweiter-gesundheitsreport-2013-1318306.pdf. Zugegriffen: 10. Okt. 2018.

DAK-Gesundheit (Hrsg.). (2017). *Vorsätze für das Jahr 2018.* Hamburg: DAK-Gesundheit. https://www.dak.de/dak/download/forsa-umfrage-1954990.pdf. Zugegriffen: 10. Okt. 2018.

Derks, D., & Bakker, A. B. (2014). Smartphone use, work-home interference and Burnout: A diary study on the role of recovery. *Applied Psychology, 63*(3), 411–440.

Derks, D., Bakker, A. B., Peters, P., & Van Wingerden, P. (2016). Work-related smartphone use, work-family conflict and family role performance: The role of segmentation preference. *Human Relations, 69*(5), 1045–1068.

Dickinson, J. E., Hibbert, J. F., & Filimonao, V. (2016). Mobile technology and the tourist experience: (Dis)connection at the campsite. *Tourism Management, 57,* 193–201.

Duke, É., & Montag, C. (2017). Smartphone addiction and beyond: Initial Insights on an emerging research topic and its relationship to internet addiction. In C. Montag & M. Reutter (Hrsg.), *Internet Addiction* (S. 359–372). Berlin: Springer.

Elhai, J. D., Levine, J. C., Dvorak, R. D., & Hall, B. J. (2016). Non-social features of smartphone use are most related to depression, anxiety and problematic smartphone use. *Computers in Human Behavior, 69,* 75–82.

Exelmans, L., & Van den Bulck, J. (2016). Bedtime mobile phone use and sleep in adults. *Social Science & Medicine, 148,* 93–101.

Fielding, O. (2014). *Unplugged. How to live mindfully in a digital world.* London: Carlton Books.

Fischer, T., Wigger-Alberti, W., & Elsner, P. (1999). Melatonin in der Dermatologie. *Der Hautarzt, 50*(1), 5–11.

Gadeyne, N., Verbruggen, M., Delanoeije, J., & De Cooman, R. (2018). All wired, all tired? Work-related ICT-use outside work hours and work-to-home conflict: The role of integration preference, integration norms and work demands. *Journal of Vocational Behavior, 107,* 86–99.

Garrett, K. R., & Danzinger, J. N. (2008). IM = interruption management? Instant messaging and disruption in the workplace. *Journal of Computer-Mediated Communication, 13*(1), 23–42.

Gombert, L., Konze, A.-K., Rivkin, W., & Schmidt, K.-H. (2018). Protect your sleep when work is calling: How work related smartphone use during non-work time and seep quality impact next-day self-control processes at work. *International Journal of Environmental Research and Public Health, 15*(8), 1–15.

Grancy, A. (30. Juni 2018). Dem digitalen Stress auf der Spur. *Die Presse.*

Gross, W. (2016). *Was Sie schon immer über Sucht wissen wollten.* Berlin: Springer.

Haas, M. (2018). Smartphone-Markt: Konjunktur und Trends. Präsentation am Bitkom Präsidium. https://www.bitkom.org/Presse/Anhaenge-an-PIs/2018/Bitkom-Pressekonferenz-Smartphone-Markt-22-02-2018-Praesentation-final.pdf. Zugegriffen: 7. Sept. 2018.

Haber, M. (2013). A trip to break a tech addiction. *New York Times.* https://www.nytimes.com/2013/07/07/fashion/a-trip-to-camp-to-break-a-tech-addiction.html. Zugegriffen: 17. Sept. 2018.

Hahn, E., Reuter, M., Spinath, F. M., & Montag, C. (2017). Internet addiction and its facets: The role of genetics and the relation to self-directedness. *Addictive Behaviors, 65,* 137–146.

Handelsblatt (Hrsg.). (2011). Keine E-Mails mehr nach Feierabend. https://www.handelsblatt.com/unternehmen/industrie/volkswagen-keine-e-mails-mehr-nach-feierabend/5992370.html. Zugegriffen: 29. Sept. 2018.

Haug, S., Castro, R. P., Kwon, M., Filler, A., Kowatsch, T., & Schaub, M. P. (2015). Smartphone use and smartphone addiction among young people in Switzerland. *Journal of Behavioral Addictions, 4*(4), 299–307.

Health and Fitness Travel (Hrsg.). (2016). 5 Digital detox retreats for unplugged wellness holidays. https://www.healthandfitnesstravel.com/blog/5-digital-detox-retreats-for-unplugged-wellness-holidays. Zugegriffen: 22. Sept. 2018.

Hecking, M. (2014). Digital Detox – Entziehungskur vom Smartphone. *Manager Magazin*. http://www.manager-magazin.de/digitales/it/digitale-entziehungskur-digital-detox-trend-im-silicon-valley-a-983642.html. Zugegriffen: 13. Okt. 2018.

Howard, J. (2017). When kids get their first cell phones around the world. https://edition.cnn.com/2017/12/11/health/cell-phones-for-kids-parenting-without-borders-explainer-intl/index.html. Zugegriffen: 27. Nov. 2018.

Internetworldstats (Hrsg.). (2018). Internet world penetration. https://www.internetworldstats.com/stats.htm. Zugegriffen: 13. Nov. 2018.

Joyce, C., Fisher, J., Guszcza, J., & Hogan, S. K. (2018). Positive technology. Deloitte Insights. https://www2.deloitte.com/content/dam/insights/us/articles/4146_BEM-Positive-technology/DI-Positive-technology.pdf. Zugegriffen: 8. Nov. 2018.

Kardefeldt-Winther, D., Heeren, A., Schimmenti, A., van Rooji, A., Maurage, P., Carras, M., Billieux, J., et al. (2017). How can we conceptualize behavioural addiction without pathologizing common behaviours? *Addiction, 112*(10), 1709–1715.

Keyes, K. M., Maslowsky, J., Hamilton, A., & Schulenberg, J. (2014). The great sleep recession: Changes in sleep duration among US Adolescents, 1991–2012. *Pediatrics, 135*(3), 460–468.

Khang, H., Kim Jung, K., & Kim, Y. (2013). Self-traits and motivations as antecedents of digital media flow and addiction: The Internet, mobile phones and video games. *Computers in Human Behavior, 29*, 2416–2424.

Kim, S. J., & Byrne, S. (2011). Conceptualizing personal web usage in work contexts: A preliminary framework. *Computers in Human Behavior, 27*(6), 2271–2283.

Kirillova, K., & Wang, D. (2016). Smartphone (dis)connectedness and vacation recovery. *Annals of Tourism Research, 61*, 157–169.

Leftheriotis, I., & Giannakos, M. N. (2014). Using social media for work: Losing your time or improving your work? *Computers in Human Behavior, 31*, 134–142.

Lee, Y.-K., Chang, C.-T., Lin, Y., & Cheng, Z.-H. (2014). The dark side of smartphone usage: Psychological traits, compulsive behavior and technostress. *Computers in Human Behavior, 31*, 373–383.

Lee, C., & Lee, S.-J. (2017). Prevalence and predictors of smartphone addiction proneness among Korean adolescents. *Children and Youth Services Review, 77*, 10–17.

Lim, V. K. G. (2002). The IT way of loafing on the job: Cyberloafing, neutralizing and organizational justice. *Journal of Organizational Behavior, 23*(5), 675–694.

Lin, Y.-H., Chiang, C.-L., Lin, P.-H., Chang, L.-R., Ko, C.-H., Lee, Y.-H., & Lin, S.-H. (2016). *Proposed Diagnostic criteria for smartphone addiction*. London: Plos One. https://journals.plos.org/plosone/article?id=10.1371/journal.pone.0163010. Zugegriffen: 24. Sept. 2018.

Lopez-Fernandez, O. (2017). Short version of the smartphone Addiction Scale adapted to Spanish and French: Towards a cross-cultural research in problematic mobile phone use. *Addictive Behaviors, 64*, 275–280.

Lundquist, A. R., Lefebvre, E., & Garramone, S. J. (2014). Smartphones: Fulfilling the need for immediacy in everyday life, but at what cost? *International Journal of Humanities and Social Science, 2*(2), 80–89.

Mark, G., Gudith, D., & Klocke, U. (2008). The cost of interrupted work: More speed and stress. In *Proceedings of the SIGCHI Conference on Human Factors in Computing Systems* (S. 107–110). New York: Association for Computing and Machinery.

Markowetz, A., Schwarz, A.-K., & Wielpütz, J. F. (2015). *Digitaler Burnout: Warum unsere permanente Smartphone-Nutzung gefährlich ist.* München: Knaur.

Meyer, G., & Bachmann, M. (2017). *Spielsucht. Ursachen, Therapie und Prävention von glücksspielbezogenem Suchtverhalten* (4. Aufl.). Berlin: Springer.

Montag, C., Blaszkiewicz, K., Lachmann, B., Sariyska, R., Andone, I., Trendafilov, B., & Markowetz, A. (2015). Recorded behavior as a valuable resource for diagnostics in mobile phone addiction: Evidence from psychoinformatics. *Behavioral Sciences, 5*(4), 434–442.

Montag, C., Kannen, C., Lachmann, B., Sariyska, R., Duke, É., Reuter, M., & Markowetz, A. (2015). The importance of analogue zeitgebers to reduce digital addictive tendencies in the 21st century. *Addictive Behaviors Reports, 2*, 23–27.

Muench, F. (2014). *The New Skinner Box: Web and Mobile Analytics. Psychology Today.* New York: Sussex Publishing. https://www.psychologytoday.com/intl/blog/more-tech-support/201403/the-new-skinner-box-web-and-mobile-analytics. Zugegriffen: 22. Sept. 2018.

Müller, T. (2015). Stört Blaulichtdusche durch Tablet und Smartphone den Schlaf? *InFo Neurologie & Psychiatrie, 17*(1), 69–70.

Nakamura, J., & Csikszentmihalyi, M. (2014). The concept of flow. In M. Csikszentmihalyi (Hrsg.), *Flow and the Foundations of Positive Psychology* (S. 239–263). Dordrecht: Springer Science + Business Media.

O'Brien, S. A. (2017). Levi Felix, Digital Detox Cofounder, dies at age 32. *CNN Business.* https://money.cnn.com/2017/01/13/technology/digital-detox-founder-levi-felix-dies/index.html. Zugegriffen: 10. Okt. 2018.

Oh, J. H., Yoo, H., Park, H. K., & Do, Y. R. (2015). Analysis of circadian properties and healthy levels of blue light from smartphones at night. *Scientific Reports, 18*(5), 1–9.

Ohly, S., & Latour, A. (2014). Work-related smartphone use and well-being in the evening. *Journal of Personnel Psychology, 13*(4), 174–183.

Oulasvirta, A., Rattenbury, T., Ma, L., & Raita, E. (2012). Habits make smartphone use more pervasive. *Personal and Ubiquitous Computing, 16*(1), 105–114.

Otto, D., & Westhagen, F. (2016). *Digital Detox: Wie Sie entspannt mit Handy & Co. leben.* Berlin: Springer.

Pearce, P. L., & Jing, L. (2018). The digital detox is on the rise – and it's good news for Australia. https://www.abc.net.au/news/2018-07-12/digital-detox-holidays-are-on-the-rise/9983968. Zugegriffen: 25. Sept. 2018.

Pfigl, J. (2018). SOS: Rettung aus dem Smartphone-Wahnsinn. https://kurier.at/wissen/sos-rettung-aus-dem-smartphone-wahnsinn/400125689. Zugegriffen: 24. Sept. 2018.

Phillips, T. (2017). „Electronic heroin": China's boot camps get tough on internet addicts. https://www.theguardian.com/world/2017/aug/28/electronic-heroin-china-boot-camps-internet-addicts. Zugegriffen: 27. Nov. 2018.

Pindek, S., Krajcevska, A., & Spector, P. E. (2018). Cyberloafing as a coping mechanism: Dealing with workplace boredom. *Computers in Human Behavior, 86,* 147–152.

Prasad, S., Lim, V. K. G., & Chen, D. J. Q. (2010). Self-regulation, individual characteristics and cyberloafing. In *PACIS 2010 Proceedings* (S. 1641–1648). Atlanta: Association for Information Systems.

Ragu-Nathan, T. S., Tarafdar, M., & Ragu-Nathan, B. S. (2008). The consequences of technostress for end users in organizations: Conceptual development and empirical validation. *Information Systems Research, 19*(4), 417–433.

Rennecker, J., & Godwin, L. (2005). Theorizing the unintended consequences of instant messaging for worker productivity. *Working Papers on Information Environments, Systems and Organization, 3*(3), 137–168.

Restubog, S., Garcia, P., Toledano, L., Amarnani, R. K., Tolentino, L. R., & Tang, R. (2011). Yielding to (cyber-)-temptation: Exploring the buffering role of self-control in the relationship between organizational justice and cyberloafing behavior in the workplace. *Journal of Research in Personality, 45*(2), 247–251.

Riedl, R., Kindermann, H., Auinger, A., & Javor, A. (2012). Technostress from a neurobiological perspective. *Business & Information Systems Engineering, 4*(2), 61–69.

Roberts, J. A., Pullig, C., & Manolis, C. (2015). I need my smartphone: A hierarchical model of personality and cell-phone addiction. *Personality and Individual Differences, 79,* 13–19.

Roberts, J., & Koliska, M. (2014). The effect of ambient media: What unplugging reveals about being plugged in. *First Monday, 18*(8). https://firstmonday.org/ojs/index.php/fm/article/view/5220/4108. Zugegriffen: 14. Okt. 2018.

Salehan, M., & Negahban, A. (2013). Social networking on smartphones: When mobile phones become addictive. *Computers in Human Behavior, 29,* 2632–2639.

Samaha, M., & Hawi, N. S. (2016). Relationships among smartphone addiction, stress, academic performance, and satisfaction with life. *Computers in Human Behavior, 57,* 321–325.

Sausen, T. (2018). *BVDW-Studie: Mehrheit der Deutschen lässt das Smartphone im Urlaub öfter aus.* Düsseldorf: Bundesverband Digitale Wirtschaft. https://www.bvdw.org/presse/detail/artikel/bvdw-studie-mehrheit-der-deutschen-laesst-das-smartphone-im-urlaub-oefter-aus/. Zugegriffen: 20. Okt. 2018.

Schuler, R. S. (1980). Definition and conceptualization of stress in organizations. *Organizational Behavior and Human Performance, 25*(2), 184–215.

Skinner, B. F. (1938). *The behavior of organisms: An experimental analysis.* New York: Appleton-Century.

Spiegel (Hrsg.). (2017). *Porsche-Betriebsratchef will E-Mails nach Feierabend löschen lassen.* Hamburg: Spiegel. http://www.spiegel.de/karriere/porsche-betriebsratschef-will-e-mails-nach-feierabend-loeschen-lassen-a-1183842.html. Zugegriffen: 29. Sept. 2018.

Statista (Hrsg.). (2018a). Statista global consumer survey: Besitz und Nutzung von smartphones. https://static2.statista.com/download/pdf/Smartphone_Markt_2018.pdf. Zugegriffen: 28. Sept. 2018.

Statista (Hrsg.). (2018b). Smartphone ownership rate by country 2018. https://www.statista.com/statistics/539395/smartphone-penetration-worldwide-by-country/. Zugegriffen: 28. Sept. 2018.

Statista (Hrsg.). (2018c). Number of smartphone users worldwide. https://www.statista.com/statistics/330695/number-of-smartphone-users-worldwide/. Zugegriffen: 28. Sept. 2018.

Strobel, H. (2013). Auswirkungen von ständiger Erreichbarkeit und Präventionsmöglichkeiten. *IGA Report 23*, Teil 1. Berlin: BKK Bundesverband.

Strutner, S. (2013). ‚Digital Detox' becomes a real-life word, gets added to Oxford Dictionary Online. *Huffington Post.* https://www.huffpost.com/entry/digital-detox_n_3836583. Zugegriffen: 3. Okt. 2018.

Krankenkasse, Techniker (Hrsg.). (2016). *Entspann dich.* Deutschland: TK-Stressstudie.

Tewes, U., & Wildgrube, K. (1992). *Psychologie-Lexikon.* München: Oldenbourg.

Te Wildt, T. B. (2009). Internatabhängigkeit – Symptomatik, Diagnostik und Therapie. In D. Batthyány & A. Pritz (Hrsg.), *Rausch ohne Drogen Substanzungebundene Süchte* (S. 257–280). Berlin: Springer.

Thalemann, C. N. (2009). Verhaltenssucht. In D. Batthyány & A. Pritz (Hrsg.), *Rausch ohne Drogen. Substanzungebundene Süchte* (S. 1–18). Berlin: Springer.

The Light Phone (Hrsg.). (o. J.). https://www.thelightphone.com/about/. Zugegriffen: 6. Nov. 2018.

Thomas, V., Azmitia, M., & Whittaker, S. (2016). Unplugged: Exploring the costs and benefits of constant connection. *Computers in Human Behavior, 63,* 540–548.

Thomée, S., Härenstam, A., & Hagberg, M. (2011). Mobile phone use and stress, sleep disturbance and symptoms of depression among young adults – a prospective cohort study. *BMC Public Health, 11*(6), 1–11.

Tsigos, C., & Chrousos, G. P. (2002). Hypothalamic-pituitary-adrenal axis, neuroendocrine factors and stress. *Journal of Psychosomatic Research, 53*(4), 865–871.

Twenge, J. M., Krizan, Z., & Hisler, G. (2017). Decreases in self-reported sleep duration among U.S adolescents 2009–2015 and association with new media screen time. *Sleep Medicine, 39,* 47–53.

Twenge, J. M., Martin, G. N., & Campbell, Keith W. (2018). Decreases in psychological well-being among American adolescents after 2012 and links to screen time during the rise of smartphone technology. *Emotion, 18*(6), 765–780.

Van Deursen, A. J. A. M., Bolle, C. L., Hegner, S. M., & Kommers, P. A. M. (2015). Modeling habitual and addictive smartphone behavior. The Role of smartphone usage types, emotional intelligence, social stress, self-regulation, age and gender. *Computers in Behavior, 15,* 411–420.

Vodanovich, S., Sundaram, D., & Myers, M. (2010). Digital natives and ubiquitous information systems. *Journal of Information Systems Research, 21*(4), 711–723.

Wang, D., Xiang, Z., & Fesenmaier, D. R. (2016). Smartphone use in everyday life and travel. *Journal of Travel Research, 55*(1), 52–63.

Weil, M. M., & Rosen, L. D. (1997). *Technostress: Coping with Technology @Work @ Home @ Play.* Hoboken: Wiley.

Wilson, Jonathan. (2009). Social networking: The business case. *Engineering & Technology,* 4(10), 54–56.

Wood, B., Rea, M. S., Plitnick, B., & Figueiro, M. G. (2013). Light level and duration of exposure determine the impact of self-luminous tablets on melatonin suppression. *Applied Ergonomics, 44*(2), 237–240.

World Health Organization. (2018). WHO releases new international classification of diseases. http://www.who.int/news-room/detail/18-06-2018-who-releases-new-international-classification-of-diseases-(icd-11). Zugegriffen: 28. Sept. 2018.

Xanidis, N., & Brignell, C. M. (2016). The association between the use of social network sites, sleep quality and cognitive function during the day. *Computers in Human Behavior, 55*, 121–126.

YouGov (2016). Viele Berufstätige sind ständig erreichbar. https://yougov.de/news/2016/01/25/viele-berufstatige-sind-standig-erreichbar/. Zugegriffen: 28. Sept. 2018.